JN193904

Staff Development

大学SD講座　3

大学業務の実践方法

中井俊樹・宮林常崇 編著

玉川大学出版部

「大学 SD 講座」刊行にあたって

　「大学 SD 講座」は、大学職員として必要となる実践的な知識を体系的に提示することで、大学の教育研究活動の運営にこれまで以上に貢献したいと考える大学職員を支援しようとするものです。シリーズ名に含まれる SD という用語は、スタッフ・ディベロップメントの略称であり、大学職員などの能力開発を指します。

　第一の読者として想定しているのは大学職員です。勤務経験の短い大学職員にとっては難しいと感じる内容が含まれるかもしれませんが、大学とはどのような組織であり、自らがどのように活動を進めるべきかを理解することができるはずです。勤務経験の長い大学職員にとっては、これまでの現場での経験を振り返り、その後の自身のキャリアを考えるきっかけになるでしょう。また、研修を担当する大学職員にとっては、研修全体の構成を検討したり、個々の研修の教材を作成したりする際に役立つでしょう。

　大学職員に加えて、大学教員も読者の対象として考えています。大学設置基準では、SD の対象として一般の大学教員や学長などの大学の執行部も含まれていますが、本シリーズは広く教職員に役立つ内容となっています。さらに、大学職員を目指す方や大学から内定をもらい近々大学職員になる方にも手に取ってほしいと考えています。本シリーズでは便宜上、大学という用語を使用していますが、短期大学、高等専門学校などの高等教育機関の職員にも役立つ内容になっています。

　2017 年の大学設置基準の改正において、SD が義務化されました。多くの大学では、この義務化を契機に大学職員の研修の制度や体制が充実しつつあります。制度や体制の充実化が進められる一方で、遅れているのは質の高い教材の開発です。特定領域の内容については優れた教材が作成されるようになってきていますが、体系的にまとめられた本格的な書籍はほとんど見られないのが現状です。

　本シリーズの最大の特徴は、大学職員の視点で大学職員に必要となる

知識が整理されてまとめられているという点にあると考えています。そのため、多くの大学職員に執筆者や協力者として加わっていただき意見を反映しました。これまでの多くの大学論は高等教育研究者などの大学教員の視点でまとめられているのに対し、本シリーズは大学職員が自分たちの後輩や同僚に何を伝えるべきなのかという視点を重視して内容をまとめています。

　本シリーズは、教職員能力開発拠点として認定されている愛媛大学教育・学生支援機構教育企画室の活動の成果です。刊行にあたっては、全国で活躍する多くの教職員から有益な情報をいただきました。本シリーズが多くの大学関係者に活用され、直面する課題を解決し大学の教育研究活動の運営の質を高めることに役立つことを願っています。

シリーズ編者　中井俊樹

はじめに

　大学職員の業務とはどのようなものなのでしょうか。大学職員の業務にはどのような課題があるのでしょうか。大学職員の業務は他の職業の業務と比較して何が異なるのでしょうか。以前と比較して大学職員の業務はどのように変化しているのでしょうか。

　2017 年の大学設置基準の改正では、事務組織の役割が「事務を処理する」から「事務を遂行する」に変わりました。「処理」から「遂行」というたった 2 文字の変更ですが、大学職員の業務が複雑化し高度化していることを示し、大学職員に対して一定の裁量と困難性を伴う業務を担い、大学におけるさまざまな活動に積極的に参画することが期待されていると読み取ることができるのではないでしょうか。

　『大学業務の実践方法』は、大学職員がどのように日々の業務を進めたらよいのかを理解できるようになっています。大学職員の業務の特徴や課題を理解したうえで、基本的な姿勢、文書の作成と管理、法令と学内規則、基礎的業務の遂行、業務における判断、業務の見直しと改善、コミュニケーションの方法、立場を超えた協働、危機管理の方法、自己管理の方法といった具体的な業務の実践方法を理解することができるように構成されています。

　本書の意義は、大学における職員の業務の実践方法を大学職員の視点でまとめたことと考えています。これまで、現場経験が少ない政策担当者や大学教員などによって大学職員の役割について語られることはありました。それらは大学職員のあるべき姿を考える際の貴重視点を提供していますが、具体的な業務の実践方法にまで十分に落とし込んで検討されることはありませんでした。また、主に企業の社員を対象にした業務の進め方に関する書籍も多数刊行されています。それらは具体的な業務の実践方法がまとめられていますが、大学独自の文脈が反映されていないため直接活用できない内容が見られます。本書は、大学のもつ使命や組織的な特徴を踏まえた業務の実践方法を言語化する端緒となったの

ではないかと自負しています。

　大学業務の実践方法をまとめる上では、多様な大学や部署の職員に役立つような構成と内容を心掛けました。本書の執筆過程において、大学業務の実践方法には2つの異なる見解があることがわかりました。1つは、大学業務の実践方法は文脈依存的であるという立場です。国立大学、公立大学、私立大学では業務の実践方法が異なり、同様に総務課、財務課、教務課などでも業務の実践方法が異なるというものです。もう1つは、大学業務の実践方法には普遍的な内容があるという立場です。設置形態や部署によって業務の実践方法の差異があることを認識しつつも、広く共通する重要な内容が存在するというものです。異なる見解に対して一方の見解のみが正しいと断定できるものではありませんが、本書は後者の立場をとりました。それによって、大学職員の職業上の特徴を一定程度明確にすることができたのではないかと考えています。

　本書は、12 章から構成されています。各章の視点から大学職員の業務が理解できるようになっています。第 1 章から順に読まれることを想定していますが、各章においても内容が完結するように執筆していますので、自分の関心のあるところから読み始めてもよいでしょう。

　読みやすさと親しみやすさも本書では重視しています。できるだけわかりやすい文章を心がけ、本文の内容に合ったイラストも挿入しています。また、執筆者の経験や意見を短い読み物形式でまとめたコラムも掲載しています。さらに、本文中に「**教育基本法***」のように右肩に印がつけられている用語は、巻末の用語集において解説をしています。用語集には本文における掲載頁が示されており、索引としての機能も兼ねています。

　本書で使用する用語についてあらかじめ説明します。職員という用語は、法令などで教員を含めて用いられる場合もありますが、本書では教員を含まない用語として使用しています。教員を含む場合には、大学の現場で使われる教職員という用語を使用します。

　本書の刊行にあたり、多くの方々からご協力をいただきました。特に

「シリーズ大学の SD」の他の巻の多数の執筆者からは数回にわたり有益なコメントをいただきました。さらに、淺田隼平氏（愛媛大学）、井上慎二氏（高知大学）、篠田雅人氏（宝塚大学）、高橋寛氏（首都大学東京）、藤本正己氏（徳島文理大学）、山崎千鶴氏（玉川大学）、米田健氏（愛媛大学）には、本書の草稿段階において貴重なアドバイスをいただきました。また、佐藤小菜氏（愛媛大学）には、資料の作成や書式の統一などにご協力いただきました。そして、玉川大学出版部の森貴志氏および相馬さやか氏には、本書の企画のきっかけをいただき、本書が完成するまでのさまざまな場面でお力添えいただきました。この場をお借りして、ご協力くださったみなさまに御礼申し上げます。

編著者　中井俊樹

宮林常崇

目　次

大学業務の実践方法

第1章 大学職員の業務の特徴

1 業務によって大学の活動を支える

(1) 大学の屋台骨を支える

　大学職員の業務は、大学の崇高な使命の実現を支えています。学籍の管理、履修の相談、学生支援、各種冊子の刊行、各種証明書の発行、入学式の運営、研究支援、会議の運営、経費の管理などのさまざまな業務によって、大学は運営されています。

　個々の業務がうまくいかなければ、大学の活動に大きな影響を与えてしまいます。場合によっては、特定の学生の将来に悪影響を与えてしまうこともあるでしょう。大学職員の業務は、さまざまな形で大学の屋台骨を支えているのです。

　個々の業務を担当していると、大学の使命とのつながりが見えにくいかもしれません。担当する業務が大学の活動を支えていることを自覚し、個々の業務がどのように大学の目標の達成にかかわっているのかを明確にすることで、業務に対するやりがいと責任感につながっていくでしょう。

(2) 単なる知識だけでは業務はできない

　業務に携わるうえで知識が重要なことはいうまでもありません。大学職員として業務を進めるには、さまざまな知識が必要です。一方で、知識だけで業務はできないという側面もあります。知識として知っている

ことと、実際にできることは異なるからです。

　たとえば、学生の履修指導の場面で考えてみましょう。履修指導では、大学の**カリキュラム**＊や履修要項について理解しておくことが重要ですが、それだけでは効果的な履修指導はできません。カリキュラムを学生にわかりやすく説明したり、学生の希望する学習内容やキャリアの展望をうまく引き出したりする能力が期待されます。また、学生のニーズに合わせてどのように授業を履修できるのかを適切にアドバイスし、学生が正しく理解したのかを確認するといった能力も求められるでしょう。時には、学生を励ましたり、注意をしたりしなければならない場面もあるでしょう。さらに、そのようなコミュニケーション能力に加えて、学生の**個人情報**＊に配慮するなどの職業倫理を踏まえた行動も不可欠です。大学の業務には多岐にわたる能力が必要なのです。

⑶　実践を通して能力を高めていく

　業務を行う能力は、実践を通して身につけていくのが基本です。もちろん研修や書籍などからも業務の進め方について学ぶこともありますが、最終的には実際の現場で試すことで身につけていくのです。

　さきほどの学生の履修指導の場面に戻ってみましょう。初めて学生の履修指導を担当する際には、先輩職員などから履修指導の方法を教えてもらったり、先輩職員の履修指導の実践を見学したりすることで業務の進め方の基本を学ぶとよいでしょう。その後、実際に履修指導を担当することになると、自分の指導の方法がよかったのかどうかなどを学生の反応などから考えるようになり、履修指導の方法を向上させていくことができます。困ったときは先輩職員に相談してアドバイスをもらうこともあるでしょう。このように実践の経験と振り返りを繰り返すことで能力を高めていくことができます。

2 大学の業務の特徴を理解する

(1) 大学は非営利の組織である

　大学の業務は民間企業などの業務と比較してどのような特徴があるのでしょうか。大学の業務は、大学という組織がもつ特徴に影響を受けています。

　大学は専門的な**高等教育***を提供する非営利の組織です。したがって、大学の業務は大学の経済的利益を上げるのかどうかという視点ではなく、大学の理念や目標を達成するかどうかという視点でとらえるべきものです。

　一方、非営利の組織であるからといって経済的側面に無頓着になってもよいというわけではありません。大学の運営には必要な予算を確保し適切で効率的な執行をすることが求められているからです。

(2) 業務における裁量は大きい

　大学の業務は裁量が大きいという特徴をもちます。大学の教育研究が自由に行われるためには、大学自らが活動を管理運営することが不可欠であると考えられています。このことを**大学の自治***と呼び、日本国憲法が規定する**学問の自由***を制度的に保障するものと位置づけられています。**教育基本法***の第7条においても、「大学については、自主性、自律性その他の大学における教育及び研究の特性が尊重されなければならない」と記されています。

　大学の教育研究は、本質的に自由な環境を必要としています。そのため、大学の教育研究と密着している業務は、法令などを通して外部から画一的に規制される面が少ないという特徴があります。規制される面が少ないということは、大学の運営の裁量が大きいことを意味しています。

　たとえば、カリキュラムの編成について考えてみましょう。1991年の**大学設置基準の大綱化***の後、各大学の裁量でより柔軟にカリキュラ

ムを編成することができるようになりました。カリキュラム全体の目的の明確性や体系性は求められますが、個々の学習内容や履修の方法については自由度が大きいといえるでしょう。各大学の自由な発想に基づいた教育が、大学全体の活性化につながると考えられているからです。

　もちろん、大学としての運営の裁量はあっても、学内の教員と職員の役割分担や職員の中での役割分担によって、個々の職員の裁量が大きいと感じられない場合もあるでしょう。しかし、大学職員が一定の裁量のある業務を担っていく方向に進んでいることは確かなことです。2017年の**大学設置基準**＊の改正によって、**SD**＊が義務化され、同時に事務組織の役割が「事務を処理する」から「事務を遂行する」に変更され、さらに**教職協働**＊の必要性が明記されました。このように法令の側面からも、大学職員はこれまで以上に裁量のある業務を担うことが期待されているのです。

(3)　関連法令に基づき運営する

　大学の裁量が大きいとはいえ、大学の運営に関連する法令があることを忘れてはいけません。大学職員の業務には、関連法令に基づき運営するという側面があります。

　国で定められている法令は正しく理解しておきましょう。また、告示や通達など法令ではないものの参照すべき文書もあります。**学校教育法**＊や大学設置基準などの教育関係の法令だけでなく、個人情報、著作権、安全衛生などの法令が重要になる場合もあるでしょう。将来の関連法令に影響を与えるため、審議会の答申などの政策文書にも注目しておきたいものです。さらに各大学で定められている規則についても把握しておくことが求められます。

　関連法令をきちんと理解しておく意義はいくつかあります。まず法令遵守は**コンプライアンス**＊の基本であり、社会人としての最低限の義務です。法令の知識が不足していたことによるミスやトラブルは避けたいものです。同時に、法令の本来の意味を見誤らないように、法令がどの

ような目的でつくられたのかを理解して判断しなければなりません。

また、大学における新しい企画が、現行の法令の制約の中でどのように実行することができるかを考えることができます。法令を理解するということは、業務の裁量の範囲を知ることでもあるのです。

さらに、大学教員との相互補完の関係をつくるうえでも関連法令の知識に詳しくなることは重要です。大学教員は専門分野の教育研究には詳しいですが、法律を専門としている教員などを除けば法令について必ずしも熟知しているわけではありません。関連法令の知識を身につけておくことは、教職協働を進める際の大学職員の強みの1つになるでしょう。

(4) 教育研究の論理を尊重する

大学の運営業務においては、教育研究の論理を尊重する必要があります。教育研究の現場では、経営の論理が馴染まないことが多々あるからです。

たとえば、経費削減のみを目的として多人数の授業やeラーニング*ばかり取り入れることや、学びたいという学生が目の前にいるのに少数だからという理由で安易に開講をとりやめにすることなどは、教育の論理では大きな問題でしょう。学生の学びたいという思いをどのようにして支援できるのかを考える必要があります。教育の論理においては、と

りわけ学生の学習にかかわる権利が重要になります。

大学の中の多様性を確保するのも教育研究の論理といえます。大学が多様な背景をもった学生や教員を集めるのは、大学の活力を生み出すことにつながると考えられているからです。管理や効率性という観点では一様な集団に対して同一のサービスを提供したほうがよいのかもしれませんが、教育研究という観点ではそうではありません。

大学内の多様性を維持するには、画一的な業務では限界があります。多様な学生や教員が安心して活躍できる環境をつくり、それぞれの立場を考慮して支援することが求められるのです。

(5) 社会からの期待に応える

大学の業務は社会からどのように見られるのかという視点も重要になります。昔の大学は**象牙の塔***という言葉で表され、社会との隔絶を批判されることもありました。現在、大学と社会の関係はますます注目され、大学の社会への**説明責任***も高まっています。

大学の不祥事は新聞やテレビ番組で大きく報道されます。同じ内容の不祥事でも大学以外の組織であれば大きく報道されないこともあるでしょう。これは、大学に対する世間の期待が高いことを示しています。そのため、期待に添えない時には「大学のくせに」と厳しい批判にさらされます。これらの反応は、教育機関であることと国の予算が投入されていることに関連しているのではないでしょうか。

大学の業務を進めるうえでは、社会常識に照らして判断することも重要です。一般の市民から見て、大学の諸活動が適切であると認められるかどうかという視点です。大学に長く所属すると内部の論理に慣れてしまい、世間の感覚からずれてくるかもしれません。そのため大学外の意見を聞くことは重要です。同時に、大学が大切にしている価値観についても、社会に対して丁寧に説明して理解を得られるようにすべきでしょう。

3 業務は協働を通して進められる

(1) 1人でできないから組織がある

大学の活動は基本的に協働的な営みです。「○○先生に私は育ててもらいました」と述べる学生もいますが、大学の中において1人の教員が学生を育てているという見方は正しくありません。学生が履修するすべての授業をたった1人の教員で担当するわけではありません。大学の教職員は協力して学生を育てているのです。カリキュラムを策定する、オリエンテーションを実施する、時間割を作成する、履修情報を管理する、成績情報を管理する、教育環境を整備する、図書を管理する、学生支援のサービスを提供する、授業料を管理するなどのさまざまな教職員の活動のもとで、学生は大学における学習を進めることができるのです。

1人でできないから組織があります。職員の業務は多くの教職員との協働を通して進められています。多くの教職員が協力するから大学は大きな目標を達成することができるのです。

(2) 組織内の役割分担を理解する

多くの教職員が協力して業務を進めるためには、誰がどのような業務を担当するかを調整する枠組みが必要です。野球であれば、ピッチャー、キャッチャー、内野手、外野手のように、担当する役割を決めないとチームにはなりません。野球のポジションのように大学内での役割を明確にすることを**分業***と呼びます。

分業によって、個々の教職員の役割が明確になり、自分の担当の業務に専念することができます。担当の業務に専念することができると、業務に対して習熟するという効果も期待できます。

教員の場合は、カリキュラムによって個々の教育の役割が調整されているといえます。一方、大学の事務組織は**官僚制***を基本とした組織で

す。官僚制においては、各部署が協力して組織を運営していくために、分業によって職務が専門的に分化されています。

　組織における分業を理解することは、自分の業務の位置づけを正しく理解することだけではありません。ほかの教職員の役割を理解することで、自分の担当する業務がほかの業務とどのように関係するのか明確になり、協働を円滑にすることにつながります。

(3)　協働の重要性を理解する

　作成した文書にミスがないかについて、別の人にチェックを受けることがあります。このような比較的簡単な業務であっても、1人で行うより複数人で行ったほうがよい業務があります。また、個人の業務が期日までに終わる見込みがない時には、上司と相談し同僚などの助けを借りなければならない場合もあるでしょう。さらに、部署を超えて協力して行わなければならない業務も多数あります。入試業務のように、部署によっては一定の期間が特に忙しくなる場合もあるでしょう。そのような場合は、ほかの部署の教職員の協力を得る必要があります。

　部署や担当者によって重視する目標が異なることで、葛藤が生じるかもしれません。学生の学習のために最新鋭の機器を導入したいと考える立場の者もいれば、経費削減が求められているので既存の機器で対応してほしいと考える立場の者もいるでしょう。そのような互いの立場を理解して、協働を進めなければならないのです。

(4)　教職協働を促進する

　教職協働という言葉は、2000年前半ごろから一部の教職員によって使用されていた用語にすぎませんでした（工藤他 2002）。しかし、2017年の大学設置基準の改正時に「大学は、当該大学の教育研究活動等の組織的かつ効果的な運営を図るため、当該大学の教員と事務職員等との適切な役割分担の下で、これらの者の間の連携体制を確保し、これらの者の協働によりその職務が行われるよう留意するものとする」という文言

が加えられ、教職協働の必要性が法令に記されるようになりました。

　教員と職員では仕事の進め方に違いがあります。教員から見ると、職員は形式を重んじ学問から距離のある人と見えるようです。一方、職員から見ると、教員は利己的で法令や経費には無関心な人と見えるのではないでしょうか。ただし、これらの違いは互いの役割や大切にしている価値観を丁寧に説明すれば一定程度理解できるものです。大学の活動の質を高めるためには、互いの仕事に対する理解と敬意をもちながら協働することが求められます。

4　さまざまな業務を担当する

(1)　時期によって業務は変わる

　大学職員はさまざまな業務を担当します。同じ部署にいたとしても年間を通して求められる業務は変わります。

　たとえば、教務課の業務を考えてみましょう。春には入学式、オリエンテーション、履修登録があり、前学期の授業が始まります。夏には試験の実施、成績処理、授業アンケートの実施などがあり、夏休みを迎えます。秋には履修登録があり、後学期の授業が始まります。また、冬には来年度の時間割の確定、履修関係の冊子の作成、試験、成績処理、卒業式などがあります。

　入試課や教務課のように時期によって業務が大きく異なる部署に所属する場合は、去年の同時期に何をやっていたのかを理解しておくことが重要になるでしょう。

(2)　異動によって業務は変わる

　多くの大学職員には**人事異動***があります。人事異動によって大学職員は新たな業務を担当することになります。人事異動の有無は、職員と教員の大きな違いです。教員は**専門職***として雇用されているため、基

本的には異動はなく専門分野の教育研究を行います。一方、職員の多く
は、人事異動によってさまざまな部署の業務を担うことになります。そ
のため、職員には幅広い知識や能力が必要になるのです。

　一般的に職員は3年から5年の間で人事異動があると言われます。3
月に教務課に所属していたとしても4月から総務課に異動するというの
はよくある話です。異なる部署へ配属されることで、新たな経験を積む
ことができます。新しい部署でそれまでの経験を活かせる部分と、新任
のように一から業務のやり方を覚えなければならない部分があるでしょ
う。

　部署によって特に重視される知識や能力が異なります。たとえば、教
務・学生部門、国際交流部門、就職部門は、相手の立場や気持ちを適切
に感じ取る力が重要であり、管理運営部門は、人の能力を的確に判断し
て業務に活かすマネジメントの力が重要であり、情報部門や図書関係部
門などは特定の専門的な知識が大切だと考えられています（福留 2004）。

(3)　新たな役割によって業務は変わる

　同じ部署に所属していても昇進すれば、業務も変わっていきます。主
任、係長、課長、部長と昇進するにつれ責任の範囲は大きくなり、重要
な判断も求められるようになります。

　特に部下ができると、業務の内容は大きく変わります。自分の担当す
る業務に加えて、部下を統率して全体として結果を出すというリーダー
シップが求められるのです。部下の業務を確認し、場合によっては、自
分が課題解決にかかわることも必要になるでしょう。部下に業務の進め
方を指導したり、業務への意欲を高めたり、時には注意を促したりしな
くてはならないでしょう。また、上司と部下の間を適切につなぐ役割も
求められます。

　職位が上がると、大学内でのより重要な会議や委員会にかかわること
になり、大学全体の視点でとるべき方策を検討することもあります。関
係部署との連携や調整をする場面も増えてくるでしょう。自分個人や所

属する部署だけで業務を完結するのではなく、より多くの人を巻き込むことが期待されるようになります。

　また、職位とは異なる役割を担当する場合もあるでしょう。たとえば新任職員を指導するメンターや部活動の顧問などです。そのような新たな役割によっても、求められる業務は変化していくのです。

(4)　機関によって業務は変わる

　業務の進め方は機関によっても異なります。1つの大学で定年まで勤め上げたいと考える大学職員は多いかもしれませんが、複数の機関で勤務する経験をもつことは、さまざまな視点を与えてくれるのではないでしょうか。

　大学職員の場合は、大学教員と比較すると所属機関を変える人の割合は低いでしょう。しかし、人事交流や出向などで数年間にわたって文部科学省、ほかの大学、日本学術振興会や大学改革支援・学位授与機構などの独立行政法人、**国立大学協会***、**日本私立大学連盟***、**日本私立大学協会***などの異なる機関での業務を経験できる場合があります。また、附属校で勤務する機会をもつ場合もあるでしょう。

　複数の機関での勤務を経験した大学職員は、さまざまな価値観や業務の進め方を理解しているので、特定の機関の価値観や業務の進め方を客観的に比較して検討することができるかもしれません。また学内にはない人脈をもっているかもしれません。変革を進める大学にとっては、そのような職員は貴重な人材となるでしょう。

第2章　大学職員の業務の課題と指針

1　さまざまな業務への対応が求められる

(1)　大学職員の業務は本質的に難しい

　大学は企業と異なり、金銭的利益を追求するために行うのではありません。自ら理念や目標を掲げ、それらの達成に向けてさまざまな教育、研究、社会貢献が行われています。すぐれた学生を輩出することや、世の中にイノベーションをもたらすことといったように、大学によってさまざまな目標が掲げられています。目標達成に向けたアプローチも実に多様です。そのため、大学職員の業務も多様化かつ高度化し続けており、以前より難しい業務への対応が求められるようになっているといえます。

　また、大学の意思決定において**ステークホルダー***が多様であることも、大学職員の業務を難しくしている一面といえます。教員組織と事務組織、学生といった多様な組織や集団があるにもかかわらず、それらの間には明確な指揮系統があるとは限りません。時には部局長ではなく、一般の大学教員が意思決定のキーパーソンになる場合もあります。大学では、目的や性質の異なる組織や集団がゆるやかに結びついているためです。このゆるやかな結びつきのことを**ルースカップリング***といいます。

　それに加えて、政策や市場のニーズにも対応する必要もあります。大学職員は、意思決定の過程が複雑になる状況の中で業務を遂行しなければならない状況におかれているといえるでしょう。

　そもそも、教育や研究を行う大学教員とは異なり、大学職員が行う業

務は法令で明確に定められていません。**大学設置基準***の第7条において、教育研究実施組織の構成員として教員とともに事務職員が位置づけられていますが、何をもって事務というのかについては言及されていないのです。物品の発注や出張手続きのように、作業の手順や処理の方法が決まっているような定型的な業務もあります。法人の統合やキャンパスの新設や移転といったような、学内で経験した教職員がほとんどいないような業務を経験することもあるでしょう。あらゆる業務への対応可能性がある点にも、大学職員の業務の本質的な難しさがあるといえます。

(2) 高度な業務への対応が期待されている

　少子化や経済・社会のグローバル化などに伴い、大学には知識や技能の習得に加え、それらの実践や応用もできる教育や研究の場となることが求められています。従来、大学職員は法令や学内規則に基づく定型的な業務を担ってきました。近年は**教育の質保証***の仕組みづくりや中長期計画の策定、**競争的資金***の獲得などに大学職員がかかわることも増えてきました。大学職員は、大学における教育研究の場を維持または管理するだけでなく、新たな場づくりのための戦略立案と実行を担うようになりつつあるといえるでしょう。

　また、近年の大学では**学長***のリーダーシップを強化しようとする政策によって、全学的な方針のもとに学部・学科の教育改革を行うことが求められるようになりました。教育や研究をとらえる視野が、学部・学科単位から全学単位に拡大したといえます。そして、**運営費交付金***の削減などにより、新たな財政基盤の確保が必要となってきました。さらに、国際的な競争や社会からの要望に対応するために、個人あるいは部署の成果の可視化が求められています。

　こうした大学を取り巻く環境の変化に対応するためには、これまでなかった業務を進めていかなければなりません。新たな財政基盤の確保であれば、寄附金戦略や事業会社の運営といったものが考えられるでしょう。大学職員が定型的な業務だけを担う状況であれば、大学が継続的に

発展していくことは難しいでしょう。今までになかった高度な業務にも大学職員が積極的に取り組み、環境の変化に対応する力を身につけていくことが期待されているといえます。

(3) 部署を超えた業務が増えている

事務組織の構造は**分業***を基本としています。大学職員の業務は、規程など学内規則の形で明文化されている業務分掌に基づき分担されるのが一般的です。

しかし、近年は一部署が担当できる範囲を超える業務も増加しています。たとえば、留学生の修学支援であれば、少なくとも国際関連、学生生活関連、教務関連の３つの部署が関連します。これまでであれば教務関連の部署で完結していた教育プログラムに関する業務であっても、キャリア教育や**サービスラーニング***など、他部署の協力が重要になるものもあります。

このような業務においては、従来の規則や意思決定プロセスが通用しないこともあります。部署横断型のプロジェクトを設置したり、大学教員を含めて役割分担を見直したりすることが必要かもしれません。いずれにしても、大学が以前より多様な役割を果たすために、大学職員は分業の枠組みに固執しない業務のあり方を考える必要があるでしょう。

(4) 大学職員の雇用形態は多様である

大学では、さまざまな雇用形態の職員が協働しています。たとえば、一般的に任期がなく部署異動を伴う専任職員、部署異動を伴わない任期のある職員、特定の専門的な業務に従事する職員、限られた事務に従事する非常勤職員などがあげられます。さらに、人材派遣や業務委託という形で勤務する人員もいます。大学は多様な形態で人員の雇用等をすることにより、費用対効果が高く、かつ、多様な業務や繁閑の差に対応ができる労働力を確保しています。こういった状況で業務を行うにあたって、大学職員は以下の点に注意が必要です。

まず、派遣職員や学内に常駐する業務委託先の社員などに対応する規則について確認するようにします。専任職員の規則を準用している場合は、派遣元や業務委託先の規則や、業務の実態と齟齬がないかを注意すべきでしょう。また、業務に関する情報源へのアクセスについても、専任と専任以外の職員で差が生じることがあります。このほか、「同一労働同一賃金」の原則、専任以外の職員をどのように育成するか、といった点にも注意が必要です。

　こういった課題の解決にあたっては、特に専任職員が率先して取り組むことが期待されます。たとえば、専任以外の職員との制度面の違いに気づく姿勢をもち、制度に不十分な部分があれば、それを発信したりカバーしたりする努力が専任職員に求められているのです。大学で業務にあたるうえでは、どのようにすれば雇用のされ方によらずお互いに気づいた点をフォローしあえる職場になるのか考えるようにしましょう。

2　適切に業務を遂行する

(1)　目標と成果をイメージする

　どのような業務であっても、何をいつまでにどれだけやるかを考えることは重要です。目標とその成果のイメージをもつことは、業務に取り組む姿勢が積極的になったり、業務の効率が向上したりすることにつながります。

　目標を設定するにあたっては、何をいつまでにどの程度、といったように項目、期限、水準といった内容を含めて考えてみるとよいでしょう。目標は数値を含む定量的なもので設定されると、客観的な評価を行いやすくなります。

　ただし、数値を含まない定性的な目標を設定するほうが適切なこともあります。たとえば、大学職員が「マニュアルを2週間以内に作成する」という目標を設定したとします。その大学職員が2週間以内にマ

ニュアルを作成したとしても、マニュアルに不正確な情報が含まれていたり、活用されなかったりすることもあるでしょう。たしかに、定量的には目標を達成していますが、そもそも目標として適切であったとはいえません。この場合は、「新人職員が独力で業務を行えるようになるマニュアルを作成する」といったように、マニュアルの質に関する定性的な目標を加えておくほうがよかったでしょう。

また、自分自身の目標と大学全体あるいは部署といった組織の目標との関連を考えておくようにしましょう。大学全体の成果は各部署の成果の積み上げであり、各部署の成果は所属する個人の成果の積み上げであるためです。また、自分自身の能力育成に関する目標であれば、組織の目標だけでなく、ある程度自己実現を意図して設定することも可能です。組織が自己啓発を支援してくれる場合もあるでしょう。目標設定にあたっては、組織のことと自分自身のことの双方を考えるようにしましょう。

(2) 伝統と改革の双方が重要である

大学には、**建学の精神***や学是で表されるように、伝統的な考え方や行動指針があります。それぞれの大学らしさは、このような伝統を守り、受け継ぐことにより維持されています。その反面、大学を取り巻く環境の変化に対応すべく、従来の事業から転換を図ることが必要になる場合もあります。たとえば、男女の共学化や短期大学の四年制大学への転換、学部・学科の改組などを行う大学では、改革にあたって伝統との葛藤に直面することがあります。

大学にとっては伝統と改革の双方が重要です。伝統を守りつつ改革を行うことは容易ではありませんが、少なくとも避けなければならないのが、伝統を守ることを盾に改革の実行を妨げたり、改革の思考を停止させたりすることです。伝統を理由に新しい提案を否決してよいのかどうか疑ってみる余地があるでしょう。もちろん、伝統を無視して改革を進めようとすることも適切ではありません。伝統と改革は二者択一のものではないことを念頭におき、とるべき戦略を考えるほうが適切といえる

でしょう。

(3) 手続きやルールには原則と例外がある

　手続きやルールなど、大学にはさまざまな原則があります。しかし、業務においては原則だけで対応できない場合もあります。「議題に関連する資料は会議の一週間前までに提出する」といったルールがあったとしても、やむを得ず会議の数日前に至急審議が必要な議題が生じることもあるでしょう。そのような場合は、原則の例外を適用することが求められます。例外の適用にあたっては、決裁を得たり、軽微な案件であれば個人の裁量により判断したりします。

　一度例外を認めてしまうと、同様の事例が出てきた場合にも認めざるを得なくなります。例外を認める判断をするときには、今後も同様に認めて差し支えがないかなど、後々の業務に与える影響を考慮しなければならないのです。

　逆に、以前に例外を適用してもらったからといって、類似の事例でその後も適用できるとは限りません。例外を適用するためには通常以上の手続きや調整を要する場合が多くあります。このような手続きや調整に対して寛容な大学職員もいれば、ほとんど認めない大学職員もいるでしょう。例外の適用をあたりまえにできることと考えず、相応のリスクをはらんでいることを認識しておかなければなりません。

　また、例外の適用が常態化することは望ましいとはいえません。原則の範囲内で役割を果たそうとすべきでしょう。ただし、例外を適用したほうが多くの要望に応えられたり、新たな成果を生み出せたりする場合もあるため、判断に迷うこともあるでしょう。もし、例外が適用されることの多い業務であれば、手続きやルールといった原則の改正を検討しなければならないのかもしれません。

(4) 支援の意味をとらえ直す

　事務組織には、学生支援や研究支援といったように、支援の役割を担

う部署が多くあります。ここでいう支援とは、学生生活や研究環境といった対象の維持向上を意味します。支援を担う組織には、今ある状態の安定を図ることと、よりよい状態に発展させることの2つの役割があるといえるでしょう。

しかし、事務組織は**官僚制***の特徴をもち、標準化を志向しやすいことから、2つの役割のうち、安定を図る役割を果たすための業務に偏って行うことがあります。たとえば、法令や学内規則に基づいているか、手続きに抜けや漏れがないか、スケジュールや予算執行に無理を生じないかなどといった業務です。これらの管理的側面を重視した業務はもちろん重要ですし、大学職員が担うべき基本的なものであることは確かです。

ただし、それだけで支援を求める大学教員や学生のニーズに対応できるとは限りません。たとえば、ある大学教員から、「ゼミの一環として、私と個人的なつながりのある外国の有名企業において体験学習をさせたい。学生には貴重な学習の機会になる。学生 10 名分の旅費について補助できないか」といった依頼があったとします。基本的には、年度当初の予算がなければ補助できないという回答をすればよいでしょう。しかし、その回答を出す前に、申請可能な学長裁量経費や外部資金はないか、補正予算を申請できないか、他部署が所管の取組と連携できないか、といったように、さまざまな手立てを探ることはできます。自部署の所掌において直接支援することが難しくても、ニーズに対応するための選択肢を提示できるかもしれないのです。

少なくとも大学職員は、支援相手のニーズを理解したうえで、多様な支援のあり方を模索するようにしなければなりません。支援相手のニーズに対応することで、従来のルールや前例を維持できなくなり、学生や教職員の混乱を招くのであれば、支援を行わないという判断もあるでしょう。しかし、ニーズに対応しつつ混乱を防ぐ手立てがあれば、大学における教育や研究を発展させることにつながるかもしれません。

大学職員が教員や学生の支援を行うにあたっては、業務において相手

が求める支援とは何か、それを実現することにより生じるよい面と悪い面は何か、悪い面を克服する手立てはないか、といったことを考える必要があるといえるでしょう。

3　他者との協働を成功させる

(1)　社会人としての基本を徹底する

協働においてまず必要となるのは相手との信頼関係です。信頼関係を構築するために注意が必要なのは、社会人としての基本の徹底です。入職直後は意識していても、職場に慣れるうちにおろそかにしてしまいがちです。

ここでいう社会人としての基本にはまず、第一印象にかかわるものがあります。第一印象で相手からネガティブなイメージをもたれてしまうと、良好な関係で協働することが難しくなります。人に対する第一印象は視覚、聴覚、言語で決まり、特に視覚と聴覚にかかわる情報が重要であるといわれています。身だしなみや姿勢、表情といった外見や、声や話し方によっても印象が大きく左右されるのです。

また、協働を行ううえでは、相手の迷惑になるような行動や態度をとらないことが大切です。期限や約束を守り、公私混同と受け取られる行動をとらないといったことなどがあげられます。

個人として業務で優秀な成果を上げられる人物であっても、信頼されなければ協働は難しくなります。社会人としての基本を徹底することが信頼関係の構築にもつながるのです。人と人の関係で生まれる信頼を蓄えておくことを銀行の口座にたとえて、**信頼口座***と呼びます。信頼関係を維持するには、この信頼口座の残高が不足にならないよう、継続的な預け入れ、つまり信頼される行動が必要です（コヴィー　2013）。

(2) 立場の違いを考慮する

　大学職員が**人事異動***を経験すると、部署や役職の違いに伴う立場の変化を実感します。たとえば、教務課にいれば、教育や学習支援関連の予算を増やそうとしていた職員も、財務課に異動になればコスト削減を率先することになります。双方の事情がわかる場合には、葛藤を抱えることもあるでしょう。

　係員と課長といった役職の違いによっても業務に対する視野が違ってきます。係員であれば、自身が担当となっている業務をいかに遂行するかを中心に考えるでしょう。課長であれば個人としての担当業務だけでなく、課の構成員それぞれの業務、課の業務が他の部署や後の工程に与える影響、大学全体の目標や計画との兼ね合いも考慮しなければなりません。ただし、係員であっても視野を広げる必要がないわけではなく、他の課員や部署、大学全体に与える影響を考えつつ業務に取り組むようにすべきでしょう。

　また、業務を進めるうえで教員との立場の違いを感じることもあるでしょう。教員は、勤務時間の自由度や学内での異動がないかという点で、業務を行う環境が職員とは異なります。また、教員は職員と比べて特定分野の専門知識を有しているものの、学内規則や手続きについて、必ずしも詳しいわけではありません。学内にあるデータや規則に関する情報へアクセスしにくいこともあります。業務において教員と意思疎通が図れない原因は、置かれている環境やアクセス可能な情報の違いにあるかもしれません。

　多様な立場の人と協働する際には、相手の価値観や個性を理解することも必要です。並行して、相手が置かれている立場やそれに伴う自分自身との違いについて考慮することも重要であるといえるでしょう。立場の違いは業務を行ううえでの障壁にもなりうるものです。逆に、立場の違いをうまく活用すれば、新たな視点に気づけたり、それぞれの得意分野で役割分担できたりすることができるなど、業務をよりよい方向に導

けるようになるでしょう。

(3)　リーダーにもメンバーにもなりうる

　大学職員は業務においてリーダーにもメンバーにもなりえます。教員との協働，職員をマネジメントする部長や課長のようなリーダーであっても、経営企画や**教学***のプロジェクトなどではメンバーの1人になることもあります。逆に、新人は業務において1人のメンバーとして取り組むだけでなく、非常勤職員のリーダーとなって業務にあたることもあります。つまり、他者と協働するにあたって、大学職員は多様な立場をとる可能性があることを認識しておかなければなりません。

　多様な立場について考えることは、協働をうまく進めるためにも大切です。リーダーがどのような報告を求めているか、どうすれば業務全体の目的が達成できるかといったことは、リーダーに限らず、その業務にかかわるメンバー全員が考えるべきことといえるでしょう。

(4)　構成員の安心・安全を全教職員で守る

　大学には、その中にいる構成員である学生や教職員が、教育や研究を安心して行うことができる安全な環境を整備する義務があります。具体的には、地震や風水害などの自然災害による被害を最小限にしたり、学生や教職員がかかわる事件や事故を未然に防ぐための方策を講じたりするなどの活動です。そういった活動は、大学全体として組織的に行われます。多くの大学では、構成員の安心・安全を守るための連絡体制や対応の手順について危機管理マニュアルなどの文書の形でまとめています。

　さらに、大学教職員は構成員の安心・安全を守ろうとする日常的な活動も求められます。たとえば、キャンパス内の街路灯の電球が切れていたり、教室内の机や椅子の金具が壊れていたりすれば、施設設備を所掌する部署へ速やかに連絡しなければなりません。ただ、すぐに対応できない場合もあります。その際は担当部署などの判断を仰いで、応急処置を施すこともあるでしょう。机や椅子に損傷があるのであれば、貼り紙

で使用しないように注意を喚起するなど、担当する業務にかかわらず誰でもできることもあります。大学の教職員1人ひとりが、構成員の安心・安全を守る第一人者であることを認識するようにしましょう。

4　充実した職場生活をおくる

(1)　心身の健康を大切にする

　業務で能力を発揮するためには、心身の健康を維持することが大切です。あたりまえですが、心配事があったり疲労が蓄積したりすると、健康の維持が難しいときがあります。限界まで業務を担当することも避けるべきでしょう。業務を処理するスピードが落ちたり、ミスが増えたりすることにもつながってしまうためです。そうなると、自分だけでなく、職場全体にも悪影響を及ぼしてしまいます。業務における余裕がない状況である場合は周囲に発信するようにしましょう。「期限の迫った業務が3つあり、間に合わせるためにここ数日3〜4時間の残業をしています」「来週以降であれば引き受けられます」といったように自分の状況を具体的に伝えてみることから始めてみるとよいでしょう。

　健康を損なう前兆に気づけるのも、休養や趣味の活動などリフレッ

シュのための行動をとれるのも自分次第です。少なくとも、心身が今どのような状況であるのか、そして、心身の健康を維持するために何ができるか、といったことについて、日常的に考えておかなければなりません。場合によっては、治療やカウンセリングといった支援を受けることも検討してもよいでしょう。

(2)　職場の人材育成の制度を活用する

組織にとって人材育成とは「組織が戦略を達成するため、あるいは、組織・事業を存続させるため」に行うことです（中原 2014）。大学職員として成長していくために、人事部門ではさまざまな能力育成の機会を準備しています。まずは、自分がどのような能力を身につけたいか、身につけるためにどのような機会があるかを考えるようにしましょう。

ただし、個人が身につけたい能力と組織として育成したい能力は必ずしも一致しません。自部署にかかわりの深い能力に目を向けている上司は、現在の所属部署と直接関係の薄い分野の能力開発に対して消極的な反応をしがちです。学外で数日間にわたり行われる研修などであれば、参加させてあげたい気持ちと業務を抜けてほしくない気持ちとの間で上司が葛藤する場合もあります。研修を業務として受けるのであれば上司からの業務命令が必要です。上司が安心して研修に送り出せるようにするためには、あらかじめ業務を抜けても大丈夫なように段取りしたり、自部署の業務への還元を約束したりするほうがよいでしょう。

どうしても上司の納得が得られない場合は、職場からの支援を得ずに能力育成を図る方法がありますが、業務外の時間を活用する必要があります。また、費用負担が発生する場合もあるでしょう。職場で自己啓発を支援する制度を設けていることもあるので、学びたいことがある場合は、職場の制度の有無や活用可能性を確認してみるとよいでしょう。

(3)　仕事と生活を両立させる

仕事と生活の調和をとることを**ワークライフバランス***といいます。

大学職員の場合、就業規則などで就業時間や有給休暇の日数などが決められています。組織としてワークライフバランスを保つための基本的な環境が整っているといえます。

しかし、繁忙期には残業や休日出勤が発生する場合もあります。財務系であれば決算の時期、教務系であれば年度末から年度始めといったように、大学職員の業務は繁閑の差が大きくなりがちです。繁忙期が続くと、ワークライフバランスが崩れてしまいかねません。

ワークライフバランスを保つためには、業務と生活を総合的に考えて、自分が優先したいものを日頃から考えておくことも重要です。残業や有給休暇の取得に対する意識や許容範囲は人によって異なります。業務でも生活でも最低限の責任を果たすことが前提となりますが、ワークライフバランスに対する考え方の違いは、尊重されるべきものといえるでしょう。

(4) 仕事に対する価値観をもつ

現在、大学職員はさまざまな業務への対応が求められ、多様なステークホルダーと協働しながら適切に業務を遂行する必要があります。その際に大切になってくるのが、組織の価値観を理解しようとしつつ、仕事に対する自分の価値観をもつということです。

もちろん、個人の価値観が組織の価値観と一致するとは限りません。その場合は、上司の方針や前例にしたがうなど、個人の価値観を組織の価値観のベクトルに合わせることもあるでしょう。しかし、それだけでは十分でない場合もあります。個人がもつ疑問や葛藤が、職場における既存の規則やルールなどを改善するきっかけになることもあるのです。組織の価値観に合わせるだけでなく、個人の価値観を周囲に発信してみようとすることも重要だといえます。

今後、ますます多様化あるいは複雑化し続ける業務の課題を乗り越え続けるためには、仕事に対する個人としての価値観をもつとともに、他者の価値観を理解することが必要です。大学職員がそれぞれこういった

姿勢で業務に取り組めば、問題の本質をとらえることができ、多様な価値観やそれに伴う葛藤を職場の成長につなげていくことができるでしょう。

第3章 | 基本的な姿勢

1 職場で働く一員である

(1) チームで働くことが求められる

　大学の事務組織が担う役割や業務にあまり変化がなかった時代は、大学職員は与えられた業務を1人でこなし、隣の職員が何をしているかわからないという働き方でもあまり問題はありませんでした。しかし、現在の事務組織においては、求められる役割も業務の手順も日々変化しています。変化に対応するためには、1人ではなくチームで業務を進め、こなせる量も質も高めていかなければなりません。大学職員1人ひとりが、個人プレーを優先するのではなく、チームプレーに必要な姿勢を理解し、それを行動につなげていくことが求められるのです。

(2) 清潔感を常に意識する

　職場では清潔感を意識しましょう。清潔感とは服装だけでなく、所作や言葉遣いなども含まれます。たとえば、受験生が大学案内をもらいに来た場面で、スリッパを履いた大学職員が、片手で「はい」と小さな声で渡したとすると、受験生はどのように感じるでしょうか。大学職員は、周囲に不快な思いをさせないようにするだけでなく、受験生や学生・教員・地域の方などから信頼されるために、常に清潔感を意識して立ち振る舞うことが求められます。

　店舗での販売スタッフのように常に外から見られる職場環境では、自

然と清潔感を意識して働くものですが、窓口がない事務室で一日の大半を過ごす場合は、自ら律しなければなりません。また、卒業生が母校の大学職員になった場合は、学生の延長として大学に通うのではなく、立場が変わったことを意識して立ち振る舞うことが求められます。

(3) 安心感を印象づける

どのような組織でも、新任職員研修では、電話対応や名刺交換などの所作を反復練習によって身につけさせることが一般的です。これらの所作に慣れていればいるほど、相手に安心感を与えるからです。電話対応が不慣れであれば、教員や学生、地域の人々から「あの大学は大丈夫か」と、組織全体に対して不信感を抱かれてしまいます。

これは電子メールでも同じことがいえます。お願いごとをする前に、一言「ご迷惑をおかけしますが」「先日はありがとうございました」などの言葉を付け加えるだけで、相手に与える印象は異なってきます。細かな配慮の積み重ねが、「この人だったら大丈夫」につながるのです。まずは、職場で手本となる振る舞いをする上司や先輩を見つけ、その人を真似てみるのがよいでしょう。

(4) 指示を理解し的確に行動する

　社会人になると、一から十まで説明するような指示を受けることはあまりなくなるでしょう。たとえば上司から「事務室を整理しておいて」という指示を受けた場合、散乱するファイルをどのように分類し整理するか、いつはじめるか、誰とはじめるか、どこに収納するかまですべてを指示されるとは限りません。自分で判断できることは、自分で考えて行動することが求められます。

　また、自分が思ったことと上司が考えていることに齟齬がないか注意しなければなりません。自分が不要だと思った書類は、実は来週使うものかもしれないのです。齟齬が生じないように、「この書類を整理してよいか」「今、やるべきことなのか」などをできるだけ上司に確認する習慣が重要です。

　ただし、忙しくしている上司からは「そんな細かいことを聞くな」と言われるかもしれません。指示を理解し的確に行動するとは、実はとても難しいことなのです。職場を取り巻く状況によって求められる行動も変わります。指示を理解し的確に行動するには、職場の中でコミュニケーションをとり、意思疎通が円滑にできる人間関係を構築することが大切なのです。

表 3-1　指示を理解し的確に行動するためのポイント

指示を受ける	メモと筆記用具を持参する。
内容を聞く	指示の全体像を把握するために、途中で遮ることなく最後まで話を聞く。
疑問点を質問する	「○○は△△でよろしいでしょうか」など、自分がどのように理解しているかを伝えると、指示を的確に理解しているかどうかが確認できる。
指示を確認する	メモを見ながら改めて全体像を確認し、疑問点が残っていた場合は、その場で質問をする。

出所　日本能率協会マネジメントセンター編（2017）を参考に著者作成

2　担当業務を的確に遂行する

(1)　期限を守る

　期限を守ることは当然ですが、そのためには注意すべきことがあります。どのような業務にもミスがつきものであり、一度作成したものを最終版に引き上げるためには見直しの時間が必要だということです。しかも、業務のほとんどは、計算ドリルのように明確な正解があるわけではありません。同僚、先輩、上司などと協力して、より質の高い成果を目指すものです。期限当日になって初めて上司に資料を提出すると、修正の指示に対応しているうちに期限を迎えてしまうことがあります。

　期限を守るための第一歩は、スケジュール管理を徹底することです。そのための工夫として**グループウェア***を導入する職場もあります。グループウェアに自分の担当している業務の締切を入力しておけば、自分だけでなく、先輩や同僚も進捗状況を把握しやすくなります。また、期限の迫った業務を抱えていたり、負担が大きかったりする場合に支援を受けやすくなります。

　次に、できるだけ早く着手することです。3日で終わると思っていた業務が、翌日に突発的な業務が新たに発生し予定していた業務の作業時間が確保できなくなったということはよくあります。また、早期に着手すると、その業務にどれだけの作業と時間が必要になるのかが明らかになります。

　さらに、効率よく業務をする環境を整えることも重要です。整理整頓はもちろんのこと、業務がうまくいかない時に相談できる人脈づくりも有効です。

　期限を守ることはあたりまえのことながら、実は簡単ではありません。業務を1人で抱えてしまって、期限が守れなかったということは、組織全体で避けなければなりません。スケジュールに不安が生じた場合は、

早く先輩や上司に相談しましょう。期限を守るためには、業務の責任を組織として共有できるようにしておくことが重要なのです。

(2) 円滑に調整する

業務には、複数の人と調整しながら進めていくものがあります。同じ課の職員のようにある程度の共通認識がある者だけでなく、他部署の職員、教員、学生、学外者などのように立場や経験に違いのある者と協力して業務を進めることもあるでしょう。

たとえば、教室に備え付けてあるパソコンを入れ替えるために、教務課の職員であれば情報システム課に了解を得たり、実験室の空調設備を更新する際には、教員と日程を調整したりする必要があります。ほかにも、ボランティアに取り組みたい学生のニーズと、学生の力を頼りにしている地域のニーズをマッチングさせることもあります。

このような調整が必要な業務では、資料を準備する前に関係者との意識合わせを綿密に行ったり、わかりやすい資料を用意して、話し合いの方向性を明確にしたりする工夫が求められます。また、普段からコミュニケーションをとっておくことも重要です。

(3) 委員会や会議を運営する

下準備が必要な業務の1つとして、委員会の運営があげられます。大学は、話し合いで決めていく文化があるため、入試や教務、施設管理にいたるまで分野ごとに委員会といった会議が多数存在します。たとえば、**オープンキャンパス***について、近隣の大学やターゲットとなる高校の行事を踏まえて事務組織で日程を検討したとしても、入試広報を所管する委員会で承認を得られなければ、日程が確定しない場合もあります。この委員会が1カ月に1回しか開催されないとすると、事務組織で検討したことを決定できる機会も1カ月に1回しかないということになります。

一方、委員会には、細かいルールがあります。委員長の選考方法や委

員会を成立するために必要な出席者数などは、規程などに明文化されているのが一般的です。委員会を運営するにあたっては、根拠をよく確認するようにしましょう。

委員会の運営には、規程などによる根拠はないが重要なこともあります。たとえば、会議室内の座席をどのように配置するか、当日の進行方法について委員長に対してどのように説明するかなど、これまでの慣例に基づいて行っていることも多くあります。そうしたことが繰り返されることによって、その委員会の慣例として馴染んでいきます。大学職員は規程などの根拠を確認することと合わせて、慣例を理解することも必要なのです。

(4)　意思決定を仰ぐ

たとえ鉛筆1本の購入でも、大学では組織の意思とするため、組織の代表が購入の意思を決定したという形にする必要があります。しかし、鉛筆1本の購入にいたるまで、組織の代表に説明をして、決定してもらうことは現実的ではありません。そのため大学では、業務の内容別にどの立場の人が判断して決定してよいかをあらかじめ定めています。日々の業務では面倒な手続きが多いように感じるかもしれませんが、組織としての意思を決定してから、それらの業務を進めるために必要なことだと認識し、自己判断で省略することがないようにしましょう。

本来の決裁権限をもつ事項の一部を、下位の職位にある者が決裁者の名において代わって決裁することを専決と呼ぶことがあります。専決にかかわる規程などを設けている大学もあります。本来であれば学長名で発信する文書であっても、規程などに主管部署の部長や課長の専決事項と定められていれば、部長や課長の権限で発信することができるのです。

前例のないものや重要な案件は、上司に丁寧に説明をして、決定を仰ぐ必要があります。上司は初めて聞く内容から限られた時間で判断しなければならないため、説明に必要な下準備をしっかりしておく必要があります。もちろん、事件や事故などの緊急事態のように一刻も早く伝え

る必要があるものもあります。その際は、早急に状況を報告し、上司の指示にしたがって行動しましょう。

3 チームで業務を進める

(1) 情報を共有する

大学の事務組織では、1人ひとりの業務分担が明確になっています。責任の所在が明確になる利点がある反面、自分と関係のないことには無関心な職員が増え、組織全体としての力を発揮できないという課題もあります。目の前で起こったこと、耳にしたことを他人に報告すると、自分の仕事が増えてしまうのではないかと考えてしまい、組織の中で情報を共有することをあまり好まない人もいます。また、組織にとって何が重要な情報かを理解できていないがために情報共有を怠ってしまう人もいます。

情報共有を行わないことで事件や事故につながることもあります。たとえば、鍵の閉まり具合の悪いドアが以前から気になっていたにもかかわらず、誰にも伝えずそのままにしておいたことで、1カ月後に盗難が発生した事例がありました。このようなことにならないためにも、大学にとって重要な情報は、組織の中で共有するように心がけましょう。

(2) 同僚や上司を支える

個々の職員には、1人ひとりの業務分担はあります。しかし、大学では基本的に課や係などのチーム単位で責任をもって業務を進めるため、同僚や上司の業務に関心をもち、チームの一員として他の職員の業務を支援することも大切です。

職務の範囲外の業務を自ら進んで行うことは、経営学で**組織市民行動***と呼ばれることがあります（田中 2001）。組織市民行動は強制されるべきものではありませんが、職場には誰にも割り当てられない業務は

一定程度存在するため、自発的な組織市民行動は組織全体によい影響を与えるといわれています（田中 2012）。

　同僚や上司が支援を必要としていることもよくあります。代わりに電話をとる、印刷を引き受けるなど、予備知識がそれほどなくても支援できることはあります。そのためには、一日中パソコンの画面だけを見ているのではなく、自分の周りの状況に気を配ることも必要です。いわゆる雑用と呼ばれるような業務を普段から引き受け、備品の保管場所や共有サーバーの中身を熟知しておくとよいでしょう。

　同僚や上司と情報共有を密にしておくと、何に困っているか、次に何がほしいかなどを汲み取ることができるようになります。簡単な手伝いをするだけでも、そこからコミュニケーションは生まれるものです。自分の担当業務に余裕があるときには、自分から手伝うことがないか声をかけてみましょう。

(3)　担当業務を引き継ぐ

　大学職員には、**人事異動**＊や担当業務の変更が定期的に行われます。そのため、自分の後任者が円滑に業務を引き継げるようにしておくことも大切な業務です。半年前に業務を引き継ぐことがわかっていれば、入念な準備ができるかもしれませんが、多くの場合は直前に判明し、引き継ぎに必要な資料をあわてて準備することになります。また、不慮の事故や体調不良などにより、突然長期間不在にせざるをえない可能性もあります。いつでも業務を引き継げるように日頃から資料などを整理しておくことが求められます。

　定型業務はその手順をマニュアルにしておくことで、引き継ぎの機会だけでなく、日頃からほかの職員に代理をお願いすることが可能になります。また、1 年間のスケジュールがわかると、業務全体を後任者は見通しやすいので、月に 1 回程度は何をやったのか記録を残すとよいでしょう。また、誰にでもわかるように紙やデータのファイルのタイトルを日頃から整理しておくことも心がけましょう。

業務に慣れてしまうと、それらを円滑に遂行するために必要な情報があたりまえになってしまい、後任者にとって必要な情報を残し忘れるということがしばしば起こります。引き継ぎ資料は業務に慣れる前にどのようなことが困ったかという視点でまとめるとよいでしょう。

　「自分が異動したら、その部署の業務が滞るようになった」ということを、誇らしげに話す人がいますが、これは大学職員としてよい姿勢とはいえません。自分が異動した後も、その組織が円滑に業務を遂行できるようにすることが求められるのです。別の職員に引き継ぐことを前提にして、日頃から自分の担当業務の方法を可視化しておきましょう。

(4)　事故は未然に防止する

　どのような業務にもミスがつきものです。ミスをゼロにすることだけを意識するのではなく、そのミスが大きな事故につながらないようにすることも必要です。事故につながる原因の多くは、ミスをした本人が「あまりたいしたミスではない」と思い込んでいることにあります。

　たとえば、学内で使用する会計伝票において**ダブルチェック***を怠るなどにより、円単位で記載すべきものを、千円単位で記載してしまったというミスがありました。その職員は、ミスの原因を振り返ることなく、ただの不注意によるミスと片づけました。その後、国へ補助金を申請する書類で同じミスをしてしまい、大学の収入が大幅に減ってしまうという大きな事故につながってしまったのです。一度目のミスの時に、今後ミスを起こさないようにするためにどうするべきかについて、本人だけでなく組織全体として考えておけば、取り返しのつかない事故は防げたのではないでしょうか。

　事件・事故につながりかねないミスをインシデントと呼びます。インシデントをきっかけに組織的に改善を促す仕組みを設けている組織もあります。

　ミスは1人で抱えず組織で共有することが大切です。そして、組織全体でミスをどのように防ぐか考えていかなければなりません。これを繰

　「配属された職場の守備範囲の業務で、まず1番になれ」。この言葉は、大学に就職して最初の上司からもらったアドバイスです。

　システム入力でもよい、文書事務でもよい。周りから「こいつには勝てない」と言われるくらい、与えられた業務に熟達し、周りをサポートできるくらいに成長してから、自分のやりたい事を話してみなさいという上司でした。このおかげで、まずは組織の戦力となり周囲の信頼を得ることが大切であると学びました。

　多くの社会人と同じく、大学職員は必ずしも自分が希望する業務を担えるわけではありません。希望する部署ではないから、自分の資質に合った業務ではないと思うから、という理由で、業務を適当にこなしてしまうようでは、組織からの信頼は得られず、きっと自分が希望する部署からも必要とされることはないでしょう。

　どの業務であっても、任されたからには極めるように努力を続けること。どの業務を極めるにしても、大学職員としての資質は向上できます。

り返すことで、ミスが起きたとしても、大きな事故を未然に防ぐことができるのです。

4　信頼される大学職員を目指す

(1)　あたりまえのことを着実にする

　挨拶や整理整頓、時間をきっちり守る、といったあたりまえのことを守ることは、業務の成果にも現れます。休憩時間を毎日数分過ぎて戻ってくる人は、業務でも「これくらいならいいか」という自己解釈をして行動する人だと周りには映ります。休憩時間は規則で決まっているため、このような自己解釈は通用しません。

　大学職員の業務は根拠に基づいて行われるものが大半です。ミスの多くは、この根拠の確認を怠っていることが原因です。何事も都合よく解釈してしまうと、大事な場面でも判断が甘くなります。業務に対して誠実に取り組む姿勢は周囲に確実に伝わるでしょう。あたりまえのことを

着実にやることが、信頼される大学職員の第一歩です。

(2) 実際に会う機会を増やす

担当業務において、メールでしかやりとりをしていない職員が相手の場合と、実際に会って会話をしたことがある職員が相手の場合では、業務の成果に差が生じることもあります。人間同士ですから、よく見知っている人からの連絡であれば、お互いの意図を汲んで対応することができるのです。

打ち合わせの帰りに、メールでやりとりをしている部署の近くに立ち寄ったら挨拶しに行ったり、朝すれ違ったらこちらから挨拶したりするなど、大学の中にはコミュニケーションをとる機会が溢れています。パソコンと向き合って業務を進めるだけではなく、関係者とは直接会って話す機会を大切にしましょう。

(3) 時間軸と業務の背景を確認する

過去の経験だけを頼りに業務を進めてしまうと発展はありません。業務を進めるうえでは、時間軸と業務の背景を確認して広い視野をもつことが重要です。時間軸の確認とは、過去と未来から業務を把握することです。たとえば、「昨年度はどのように扱っていたのか」という過去の状況と「来年度以降も継続するのかどうか」という今後の見通しをもつことです。一方で、業務の背景の確認とは、「なぜ、この業務をする必要があるのか」という根拠と「他部署や他大学でよく似た事例はない

か」という類似事例を確認することです。

　時間軸と業務の背景を知ることで、業務の質を高めることができるでしょう。上司や関係者へ報告や相談をするときも、この視点で説明をするとスムーズに理解してもらえるでしょう。

第4章 | 文書の作成と管理

1 文書の役割を理解する

(1) 大学には文書が溢れている

　大学は意思決定までのプロセスを重視する職場であるため、ほかの職場に比べて作成する文書の種類や量が多いという特徴があります。大学の意思決定において多くの関係者が合意していることを重視するため、合意するための話し合いの場が多く、それに応じて議事録も多く作成する傾向があります。また、大学の事務組織は**官僚制***を基本とした組織です。官僚制は**文書主義***を特徴とし、文書による業務の処理が重視されます。

　学内で会議を開催する際、企業であれば電子メールでメンバーに簡潔な形で知らせる程度で事足るかもしれませんが、多くの大学では、会議を主催する教職員の名前で開催通知という文書を作成して周知することが一般的です。これは、誰の権限で会議を開催したか、どのような経緯で会議を開催することになったのかということが大学では重視されているからです。

　国公私立問わず国民からの税金が使われている大学は、運営上適切な意思決定がされたことを国民に説明できることも必要です。そのためには、どのような経緯で意思決定がなされたのかを文書に記録し、いつでも公表できるようにしておくことが重要なのです。

表 4-1　大学で扱う文書の例と留意点

議事録	会議によって記載する内容が異なるので、過去の議事録をよく確認する。
報告書	客観的な事実と自分の考えを明確に分けて記載する。
起案文書（稟議書）	組織としての意思を決定し、決定までの経過と責任を明確にしておくために作成するもの。決定する事案に応じて起案者と決定権者が異なるので、ルールを確認する。
会計書類	仕様書（どのような製品を購入するかを詳細に記載したもの）や発注書、伝票など。作成する時は、毎回最新のルールを確認する必要がある。
理由書	定められたルールの例外的な取扱により対応する時に、判断が合理的であることを客観的に証明するために作成するもの。理由を延々記載することよりも、わかりやすく簡潔に作成することが求められる。
通知文	複数の事項をまとめて1つの通知文にしてしまうと、読み手は理解することが難しくなる。反対に、通知文をたくさん作成し、一度にまとめて発出してしまうと、読んでもらえない可能性もある。また、読み手に関係ないと勘違いされないように、よく考えてタイトルを付けることが必要である。
案内文	日時や場所はもちろんのことながら、そもそも担当者が誰なのかを忘れがちであるので注意する。
依頼文	相手に不快感を与えないように、「お忙しい時期にご面倒をおかけいたしますが」などのクッション言葉を一言付け加えるとよい。
企画書提案書	実施したいことを記載するだけではなく、背景や根拠など、相手が判断するために必要な情報も必要。また、用紙1枚で作成するなど、提案する相手やタイミングに合わせてまとめるとよい。

出所　著者作成

(2)　役割に応じた文書が求められる

　大学の職場で扱う文書は、それぞれの文書の目的を正しく理解して作成しなければなりません。一般的な委員会の議事録は、委員会当日に参加しなかった人にも議論の様子が把握できるように、誰がどのように発言したかまで詳細に記載したほうがよいでしょう。一方で**個人情報***を扱う委員会や、自由に議論することが目的の委員会であれば、発言を詳細に記載することは望ましくないでしょう。文書を作成する際には、過去の文書を参照することがあります。その際には文書をなんとなく眺めるのではなく、そもそもの目的をよく考えてみましょう。

　大学ほど、議事録が多い職場はないかもしれません。大学には構成員

の話し合いで決定していく文化があるため、業務の種類ごとに多数の会議や委員会を設けているのです。

　会議や委員会の種類によっては、議事録作成の専門業者に依頼して、発言のすべてを文章として記録に残すこともありますが、一般的には大学職員が発言内容を要約したものが議事録となります。会話の中の言葉を、そのまま文章にしてしまうと意図が十分に伝わらないことがあります。そういった場合は、あえて言葉を足した後に要約するとよいでしょう。このように要約した文書は、議事録とは別に議事要旨として区別する大学もあります。

　議事録や議事要旨は、出席者全員が内容を確認して、初めて正式なものとなります。「あえて議事録に残しておく」「議事録には残さない」といったやりとりがありますが、それだけ議事録は、重要な文書の1つであるということです。

(3)　ルールにそって保存する

　自分が作成した文書は、他の職員が別の業務でも使えるように保存しておかなければなりません。たとえば、既存の制度を改善するときに、現在の制度がそもそもどのような経緯で始まったのかを調べるためには、その当時の文書を確認する必要があります。この文書が探せなかったり、見つかったとしてもそれが最終版なのか修正段階のものなのかが判別できなかったりする状況は避けなければなりません。

　そのため、大学の職場には、表 4-2 のように文書を保存するさまざまなルールがあります。保存するべき期間だけではなく、「総務部長が決定した文書のすべて」といった検索が可能になるよう、文書番号を付けて一覧表を作成するなどの工夫も必要です。こうしたルールを守って文書を作成し保存しておかなければ、新しく担当者になった人が困ってしまいます。

　また、紙の文書をまとめて保存するファイルや、データの文書を保存するフォルダを、種別や時系列に並べておくことや、検索しやすいよう

表 4-2　文書管理ルールの例

文書番号	年度 – 組織の略称 – 通し番号　などが一般的（例　19 国大総務第 0000 号）
	「文書管理台帳」といった一覧表に「文書番号」「文書タイトル」「種類（人事、会計など）」「決定した日や人」などをまとめておく。このように整理しておけば、必要な文書を検索しやすくなる。
保存期間	内容や、決定した者によって、保存すべき期間が異なる。その期間は、学内ルールに定めていることが一般的である。
保存方法	個人情報などは、紙であれば金庫への保管、電子データであればパスワードを付けるなどの適切な方法により保存しなければならない。

見出しを付けるなどの工夫もしなければなりません。完成まで文書を何度か修正する場合は、最終版がどれかわかるようにしましょう。文書は職場全体でルールを熟知し守ることが必要です。

2　文書事務を理解する

(1)　文書事務とは

　そもそも文書とは何でしょうか。ある地方公共団体では、電子メールを含む職場で貸与されたパソコンで職員が作成したすべての文書であると定義しています。そしてこれらの文書は、組織内での閲覧・活用を前提に作成する文書と、下書きやアイデアメモのように個人や少人数で主に利用する文書に分けて取り扱われています。

　組織で閲覧・活用する文書を取り扱う事務をまとめて文書事務といいます。文書事務には、組織の意思を文書として明確にすること、明確にした意思や情報を学内外に的確に伝えること、現在のみならず将来の構成員や社会に対して意思及び意思決定のプロセスを説明することという３つの役割があります。この３つの役割を文書以外で行うのはなかなか難しいことがわかるでしょう。

(2)　文書事務の流れを把握する

　文書事務は、事務を処理するうえで基本となるものです。文書はさまざまな人に活用されるため、作成されてから廃棄されるまでの各段階で手続きが定められています。図 4-1 は、文書事務の流れの例です。

　文書を適切に取り扱うためには、文書事務の全体の流れを把握し、自分が行っている文書業務がどの段階であり、それは何のために処理しているのかを正しく理解しておく必要があります。

(3)　組織の意思を文書にする

　事務用のノートパソコンが故障してしまったから、自己判断でとりあえず自費で新品のノートパソコンを購入するような買い物は、大学として望ましくありません。このような日常的な物品購入についても、大学は個人の意思ではなく、組織の意思として決定し実行しなければなりません。そのためには、複数部署の承認を必要とすることが一般的であり、承認に必要な情報を文書にして手続きを進めていきます。

　組織の意思として決定するために、案を示した文書を用意して、上司に判断を仰ぐことを、起案もしくは**稟議***といいます。内容に応じて、承認に必要な教職員や、最終決定する教職員は学内の規則であらかじめ定められています。また、自分の上司だけではなく、関係する部署へ事前に承認を得ることもたびたび行われます。このように、さまざまな関係者の承認を経て、初めて組織として意思決定ができるのです。一般的には、大学で定められた起案文書への押印をもって承認したことを示しますが、最近ではネットワーク上で承認する電子決裁など、より効率よく承認する方法が模索されています。

(4)　文書を保存し説明責任を果たす

　文書の利点は、一度に大勢へ情報を伝達できるだけでなく、その情報を後から自分や第三者が確認できることにもあります。

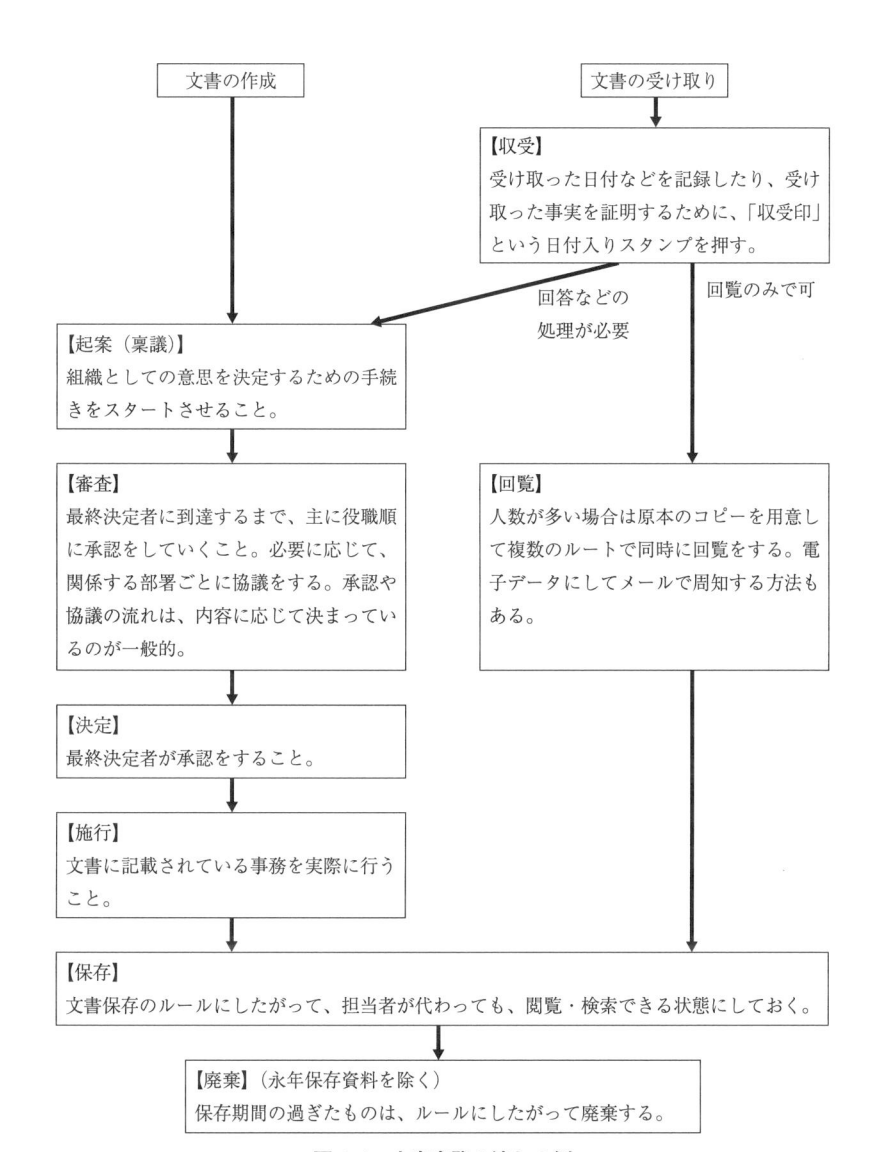

図 4-1　**文書事務の流れの例**

出所　ぎょうせい法制執務研究会編（2012）を参考に著者作成

　後から確認をするためには、必要な情報をすぐに取り出せる状態で保存しておく必要があります。大量の文書を検索しやすくするためには、文書番号など保存ルールを皆で守ることが重要です。また、修正前の文書と原本の区別がつかないといったミスが起こらないよう、タイトルを明確にして保存しておくことも重要です。

　大学の文書を後から確認する事例には、資金の使途が適正か確認をする**監査***や、一般市民や関係者からの**情報公開請求***などがあります。この場合、単純に資料が残っていればよいのではなく、誰が、いつ、どのように判断をしたのかを客観的に説明できるようにしておかなければなりません。たとえば、領収書を保管するだけでは、補助金の適正な支出を証明することは困難です。その支出が適正に行われたかどうかを、長い年月が過ぎても誰もが客観的に判断できるようにするために、組織としての意思決定のプロセスを証するとともに決定された内容を的確に伝える文書が必要です。起案が面倒だからといって省略してしまい、情報公開請求の際に**説明責任***を十分に果たせないということは避けなければなりません。

3 発信するための文書を作成する

(1) 目的に応じた表現方法を心がける

　大学職員は、教職員だけに対して文書を作成しているわけではありません。学生やその家族、地域住民など、さまざまな立場の人に対して文書を作成しています。たとえば、保証人へ郵送する成績通知書に同封する文書に、**GPA***という言葉を説明なしに使うことは適切でしょうか。GPA が何であるかという用語の説明に加え、なぜ進級の条件としているかといった背景や目的などを丁寧に記載すべきです。

　文書を作成することに慣れてしまうと、簡潔に短い日本語で説明するといった様式美にこだわってしまい、読み手に不親切な文書を作成しがちです。相手に理解してもらうような文書を作成することを心がけましょう。

(2) 発信者名を確認する

　個人から個人へ発信する文書の場合、相手に合わせて発信者を設定します。たとえば、他大学の学部長に宛てて発信する文書であれば、実際に事務組織が作成し送付したとしても、発信者名は学部長とすることが一般的です。

　また、多数の人へ通知する文書の場合、その内容を所管している組織の責任者を発信者とすることが一般的です。たとえば、履修に関する文書であれば、学部長や教務委員長などでしょう。これらは学内規則を確認したり、定められていなくても前例を確認したりすることが必要です。それでもわからない場合は、上司に相談してみましょう。

(3) 読み手に合わせる

　大学で作成する文書の大半は、毎年度同じ形式のものが作成され、昨

年度の文書を参考にすればある程度のものは作ることができます。企画書や提案書と違って、起案文書や通知文は、誰が読んでも同じように伝わり、同じように理解できることが重要です。そのため文書の作成は、手引きや過去の文書から書き方を学ぶことが何より重要です。

　しかし、毎年度同じような様式であったとしても、読み手は毎年度同じ人とは限りません。また、文書に記載されている事項を取り巻く背景に変化が起きるかもしれません。明瞭であるとともに、読み手に合わせた丁寧さを兼ね備えた文書を作成することを忘れてはいけません。

⑷　電子メールを適切に活用する

　簡単な依頼や通知、会議でのやりとりのメモなどは、電子メールの本文に直接記載してもよいでしょう。送信相手が開封したかを確認する設定も可能です。電子メールの記録をそのままデータで保存することもできます。

　電子メールのやりとりにおいても文書における留意事項を踏まえることが重要です。一方で、電子メール特有の注意点があります。電子メールでは、受け取った相手が本文を加工して第三者に転送してしまう、間違った相手へ送信してしまうといった可能性があります。また、ビジネスマナーとして、重要な案件の連絡を電子メールを送るだけですませることを失礼だと感じる相手もいることを忘れてはいけません。電子メールと紙媒体の文書を、目的や相手に応じて使い分けることが必要です。

コラム　文書捜索の悲劇

　大学の業務で時間がかかることとして、文書を探すことがあります。書庫を開けた際、全く整理されていない悲惨な状況を経験したことがある大学職員は少なくないでしょう。たとえば、複数年度の類似文書を比べて検討しようと思っても、年度によってその資料を綴じているファイルの背表紙が年度毎に異なっていると、捜索の手間は格段に増えます。電子ファイルであったとしても、フォルダが全く整理されていないと同じようなことが起こります。

　文書の捜索で困った際、先輩から、文書名やキーワードを決めつけて探すのではなく、どのような手順を踏んで決定しているのか、関係部署はどこか、といった業務ごとの背景を踏まえて探すとよいとアドバイスしてもらいました。大学や組織によって捜索のコツがあり、それを身につけることで、多少は手間を省けるようになります。

　文書捜索の悲惨な経験の度に、「いつか時間があったら整理しよう」と誰しもが思うのですが、それを実際にやるのは相当に困難です。そもそも、文書をどのように整理するかという時点で挫折してしまうようです。他大学や他部署で類似業務をしている大学職員から改善事例を聞いて試してみることは、文書捜索の悲劇を自分の代で終わらせるきっかけになるかもしれません。

4　よりよい文書を作成する

(1)　誤解を与えない文書にする

　よりよい文書にするには、読み手に誤解が生じないように文書を何度も確認しなければなりません。時間を空けて読み直すことで、言葉の使い方にも気を配ることができます。

　また、伝達するための文書は、できるだけほかの人に事前に読んでチェックしてもらうことが重要です。そのため、「文書主任」といった役割を各部署で定め、最終決定する前に確認をする仕組みを設けている大学もあります。

　同様の文書であっても、作成者によって言葉の使い方が異なってしま

うと混乱のもとです。一例として、「より」と「から」という言葉があります。どちらも起点を表す言葉ですが、「より」は比較を表す意味でも使います。そのため、行政機関が発出する公文書では、起点を表すときは「から」だけを用いて、「より」は使わないように区別しています。大学でも送り仮名や接続詞の使い方を統一している場合があるので確認しましょう。

(2) 図表を活用する

文書とは、個人の考えや事実を文章にするものだけではありません。文章で表現するよりも、図や表にしたほうが伝わりやすい場合もあります。ただし図や表は、文章よりも読み手の解釈の幅が広くなってしまう場合もあるため、大切なことは文章でまとめるようにします。

読み手の解釈の幅が広いということを利点として図や表を活かす方法もあります。たとえば、ある課題について話し合いをする場合、図や表でまとめられた資料があれば、活発な意見交換が期待できるでしょう。

(3) 文書の見た目を工夫する

文書の見た目を工夫するだけで読み手の印象は変わります。例年同じタイトルであったとしても、タイトルの最後に「〇〇年度からの変更点」といった副題を付けるだけで、読み手の注意を喚起できるでしょう。

文書では文体が簡潔であることが求められるため、単調で冷たい文面になりがちです。しかし、文書の役割に応じて言葉やフォントの使い方を工夫することで、読み手に与える印象を変えることが可能です。大学の事務組織における文書の作成は単調になりがちですが、ちょっとした工夫で担当者の意図をより明確に伝えることができます。

第5章 | 法令と学内規則

1 法令と学内規則の特徴を理解する

(1) 業務における根拠の基本

　大学職員は日常業務の中で、「出張で前泊ができるか」「この議題は審議事項か報告事項か」「一般競争入札か随意契約のどちらにするか」「事件を起こした学生に対する処分をどうするか」「他大学で修得した単位を何単位まで認められるか」といったように、所属する部署にかかわらず判断しなければならない機会が多くあります。適切な判断のためには、根拠となる情報を示すことが必要です。根拠がない判断は、判断する側の単なる主観と認識され、相手の納得を得られにくくなります。

　大学職員の業務においては、法令が基本的な根拠となることが多くあります。ここでいう法令とは、日本国憲法や法律をはじめとする、国あるいは地方公共団体によって決められたルールのことです。大学に関連する記述があるもっとも基本的な法令は、**教育基本法**＊です。第7条第1項では、「大学は、学術の中心として、高い教養と専門的能力を培うとともに、深く真理を探究して新たな知見を創造し、これらの成果を広く社会に提供することにより、社会の発展に寄与するものとする」と大学の役割について規定されています。

　法令は、どの大学にも共通して用いられる業務の根拠です。ちなみに、冒頭の例で挙げた「他大学で修得した単位を認定できる上限」は、学士課程であれば大学設置基準第28条で60単位までと定められています。

また、学内規則は、個別の大学内における業務の根拠となるものです。学内規則の名称は大学により異なりますが、規程や内規といったものは、ほとんどの大学に共通して存在する学内規則です。たとえば、就業や給与に関連する学内規則は、大学職員であれば誰もが目にしたことがあるのではないでしょうか。「出張で前泊ができるか」どうかについては、就業や旅費に関する学内規則を確認することにより判断ができます。

　このように、法令や学内規則は、業務における根拠の基本として取り扱われます。法令であれば「e-Gov 法令検索」などウェブサイトを通じて閲覧できます。学内規則であれば**グループウェア***やウェブサイト、紙媒体での規則集などの形で閲覧することができるでしょう。

⑵　法令と学内規則は相互に関連する

　法令と学内規則は相互に関連しています。たとえば、学内規則は法令に基づき整備されることがありますが、そのような学内規則は法令よりも基準が厳密であったり、詳細に記述されていたりします。その厳密さや詳しさの程度は、大学によって異なります。

　教育基本法第7条第2項に定められているように、大学はその特性に応じて自主的、自律的に活動することを尊重されています。同じ法令に基づいていても学内規則の整備の方法が大学によって異なることがあるのは、大学ごとの自主性や自律性が尊重されているからといえるでしょう。

　学内規則の根拠となる法令には、大学や教育に関連する文言が含まれるものと、それ以外のものがあります。前者は、教育基本法や**学校教育法***をはじめとするもので、大学の使命を果たすために遵守すべき事項を示しています。

　後者に関するものとして、就業規則に関連する法令であれば**労働基準法***、職場や学習環境の安全に関するものであれば**労働安全衛生法***などです。これらの法令は、大学を特定の対象として定めたものではありませんが、大学職員の業務には深くかかわってくるものです。

(3) 例外や裁量の範囲がある

　法令でも学内規則でも、記載されている内容ですべての判断を行うことができるとは限りません。文書で示せる分量には限りがあるためです。さらに、実際の業務において臨機応変に運用できるようにするために、文書にはあえて詳細を記載しないこともあります。運用に支障があると判断される場合には、学内規則を変更すればよいのですが、所定の手続きが必要です。関連する委員会で審議し承認を得て、決裁を得たりするには相当の時間を要するため、頻繁な変更は望ましいとはいえません。

　したがって、法令や学内規則には、実際の運用にある程度は柔軟な対応ができるように作られているのが一般的です。ここでいう柔軟な対応とは、例外が発生することや、担当部署あるいは担当者に裁量を認めることを指しています。たとえば、規則の中に「ただし……この限りではない」という文言が含まれていれば、例外を認める場合があることがわかります。また、「その他、所属長が認めた場合」といった文言であれば、所属長に裁量をもたせていることを示しています。

2　法令の仕組みを理解する

(1)　法令には体系がある

　わが国において法令は体系的に整備されており、上位下位の関係性があります。最高位の法令は日本国憲法です。そのもとに、法律（国会が制定）、政令（内閣が制定）、省令（大臣が制定）、条例（地方公共団体の議会が制定）、規則（地方公共団体の長が制定）があります。法律を施行するうえでの詳細な取り決めを記載した「施行細則」は、省令にあたります。

　特に、大学と関連の深い法令には、表 5-1 のようなものがあります。さらに、法令に関する文書である要綱や要領、ガイドラインや指針と

表 5-1　大学に関する法令の代表例

法令名	種類	大学と関連する内容の記述
日本国憲法	憲法	第 26 条に「教育を受ける権利」など
教育基本法	法律	第 7 条（大学の役割と自主性、自律性の尊重）など
学校教育法	法律	第 1 章（設置基準の制定義務、認可・届出など）および第 9 章（大学の目的、修業年限、教職員の配置、教授会、認証評価）など
国立大学法人法	法律	国立大学法人の学長など役員、経営協議会、教育研究評議会、中期目標と中期計画、評価、財務会計など
地方独立行政法人法	法律	公立大学法人の理事長・学長の任命や任期、経営審議機関の設置、中期目標、認証評価など
私立学校法	法律	学校法人の設立条件および申請内容、寄附行為、理事など役員および評議員、解散、助成および監督など
大学設置基準	省令	教育研究上の基本組織、教育研究実施組織、教員の資格、収容定員、教育課程、卒業の要件、施設設備など

注　各種法律のもとには、施行令（政令）や施行細則（省令）も制定されています。

いったものもあります。これらは、より具体的な手続きや細かなルールについて書かれており、各種申請や補助金の執行などを行う際の拠りどころになる文書です。大学職員として、法令の内容を基礎知識として習得し、要綱など法令に関連する文書を業務で使いこなせるようになっておきましょう。

(2)　法令の制定過程を理解する

　法令はいくつかの過程を経て制定にいたります。大学に関連する法令の制定過程に影響を与えることが多いのは、**中央教育審議会***での議論です。中央教育審議会は文部科学省の中に設置されており、教育の振興および生涯学習の推進に関することを取り扱います。具体的には、文部科学大臣の諮問に応じて調査や審議を行い、大臣に意見を述べる役割を担っています。大臣への意見をまとめたものを答申といいます。

　また、中央教育審議会のもとには、大学分科会などの分科会や部会が設けられ、特定分野の調査や審議がなされます。審議の過程は、審議まとめや審議会の議事録、配付資料といった形で公表されることがありま

す。

　なお、中央教育審議会とは別に大学に関する内容が取り扱われる審議会としては、公立大学や私立大学を設置する際の諮問機関である**大学設置・学校法人審議会***や、科学技術の振興を取り扱う**科学技術・学術審議会***があります。これらの審議会についても、中央教育審議会同様に分科会や部会が設けられています。

　文部科学大臣からの諮問とそれに対する答申は、今後の政策や日常の業務に大きく影響を与えるので、業務に関連する法令だけでなく、その制定過程となる議論や議論に使用された資料なども把握しておくとよいでしょう。

(3)　明文化されていない部分に注意する

　法令が整備されていても、その内容から具体的な手続きなど行動が判断できない場合もあります。たとえば、**大学設置基準***では配置する最低限の基幹教員数が定められていますが、職員数の規定はありません。つまり、職員数は各大学の裁量により決めることができるのです。

　また、明文化された時点では詳細なルールがまだ決められていない事例もあります。このような場合、説明会の開催や Q&A の公開などで後から補足説明されることもあります。たとえば、専門職大学などの設置を可能とする学校教育法の一部を改正する法律が公布された後には、文部科学省が説明会を行いました。そこでは、制度の詳細なルールや制度設計に必要な事項など、法令で明文化されていなかった内容を補足する説明がありました。なお、このような説明会では、質疑応答や個別相談の時間も設けられていることもあるので、各大学の文脈に応じた情報を入手できる機会にもなるでしょう。

(4)　解釈は複数ありうる

　日々の業務では、法令や学内規則に定められていないことを判断しなければならない場合が多々あります。このような場合、法令や学内規則

を作成した機関や部署に問い合わせて詳細や判断の基準を聞くこともあるでしょう。しかし、詳細まで定められていないという返答を受けることがあります。ある程度柔軟性をもたせた文言になっている法令や学内規則もあります。こういった場合、取り扱う大学職員が法令や学内規則を解釈しなければなりません。解釈にあたっては、拡張解釈、縮小解釈、反対解釈、類推解釈といった考え方が活用できます（表5-2）。

　たとえば、「専任教員が兼業する場合は、所属長の承認を得なければならない。ここでいう兼業とは、会社その他の団体の役員等若しくは事業に関する職に1日以上兼ねることをいう」という規定について考えてみましょう。この例において、同じ教員に分類される特任教員や非常勤講師は対象に含まれるでしょうか。拡張解釈の立場をとれば、同じ教員であれば専任教員以外にも範囲を広げて適用するため、「特任教員や非常勤講師が兼業する場合も、所属長の承認を得なければならない」という理解になります。

　逆に、縮小解釈では「専任教員」の範囲を狭めて解釈します。たとえば、「任期付きの教員の場合は、専任教員と業務内容や勤務形態が異なるため、この規程における専任教員に該当しない」といったとらえ方もできるでしょう。

　では、専任教員が**博士***の**学位***を取得するために**大学院***に入学す

表 5-2 解釈の方法の例

拡張解釈	記述内容と同質のものについて、範囲を広げて適用する
縮小解釈	記述内容と同質のものについて、範囲を狭めて適用する
反対解釈	記述内容と異質のものについては、記述内容と反対のものを適用する
類推解釈	記述内容と異質のものだが、記述内容と類似していると判断して、記述内容と同じものを適用する

る場合は、兼業にあたるのでしょうか。ここでポイントになるのは、先ほどの兼業に関する規定には、学生の身分を得ることについて言及されていないということです。言及されている内容以外のことには、記述内容と反対（兼業に該当しない）のものを適用することを反対解釈といいます。

逆に、大学院への入学は「負担度合いや拘束時間が兼業と類似するため、兼業に相当する」という意見が出ることも考えられます。このように、規定に準じて記述内容と同じものを適用することを類推解釈といいます。

同じ法令であっても解釈の方法により異なる判断が可能です。ほかの学内規則なども参照しながら、解釈が妥当かどうかを多面的に考える必要があるでしょう。

3　学内規則の仕組みを理解する

(1)　学内規則には体系がある

学内規則は、学内の諸活動の規範となるものです。大学職員であれば必ず理解しておかなければなりません。公立大学であれば**定款***、私立大学であれば**寄附行為***といったように設置認可を受ける際に定めなければならないものは、最高位の学内規則といってもよいでしょう。なお、国立大学には定款や寄附行為に含まれる内容は国立大学法人法の中に一部規定されています。別途、基本規則を制定している国立大学もありま

す。それらをもとに、**教学***に関する事項であれば学則、財務に関する事項であれば会計規則や経理規則といったものが定められているのです。

　学内規則に定められる内容は多様です。たとえば、役職者の権限、意思決定の手順、施設設備の管理方法などがあげられます。さらに、規則のもとに施行細則、ガイドラインや申し合わせなどが設けられ、より詳細な業務の手続きや手順について定められることもあります。

　学内規則を定めるためには、法令の遵守を前提としたうえで、**理事長***や**学長***またはしかるべき役職者の承認を得る必要があります。したがって、承認された学内規則は、全学的あるいは複数組織の合意が得られた成果物であり、学内規則の適用の対象となるすべての構成員に遵守を求めるものであるといえます。

(2)　所管部署が決まっている

　学内規則は、学内のいずれかの部署がその所管部署となっています。所管部署は、規則の制定や改廃に関する手続きを担当したり、他部署からの問い合わせに対応したりします。たとえば、物品の契約に関するものであれば財務系部署が、雇用や就業に関するものであれば人事系部署が所管部署になります。委員会に関する学内規則であれば、その委員会を運営する事務局が置かれる部署が所管します。

　複数の部署が構成員になるようなプロジェクトに関する学内規則であっても、会議を運営する部署など、いずれかの部署が所管となります。ただし、この場合は学内規則の文面は所管部署だけでなくプロジェクトに関連するほかの部署の構成員とともにつくりあげた方がよいでしょう。学内規則の決裁を得る過程で関連部署の了承が必須となるためです。また、実際にプロジェクトが始まってから運用されるものとなるので、構成員の合意をあらかじめ得ておくべきといえます。

(3)　学内規則の制定過程を理解する

　学内規則は、規則に関連する部署が起案し、理事長や学長などの管理

職が決裁することにより制定されます。基本的には、起案書あるいは稟議書と呼ばれる書類が、関連する**部局**＊に承認されることにより、手続きが進んでいきます。

　手続きを始める前にまず、学内規則の素案を作成します。作成にあたっては、類似した学内規則の雛形を用いることがあります。たとえば、新設学部の**教授会**＊に関連する学内規則であれば、既存の学部の教授会関連の学内規則を雛形にして作成することができます。そして、新設学部の文脈に合わせて修正していくことになります。

　素案ができあがった後は、起案する部署内で内諾を得なければなりません。法令上の問題がないかについては法務を担当する部署や顧問弁護士に確認してもらうとよいでしょう。また、会議などを通じて教学部門の承認を得る必要があるならば、議長や会議の主要な構成員に対しても、内容について説明したり内諾を得たりしておくことが望ましいでしょう。

(4)　例外や裁量の適用には注意が必要

　学内規則には、例外を認めたり裁量をもたせたりする文言が含まれていることがあります。例外に関する記述は、条文の最後の文あるいは最後の項に、ただし書きや「その他」として記載されていることが多くあります。業務においては、原則の範囲内での対応を考えることが基本です。しかし、例外や裁量を活用することで、新たな業務やよりよい業務を行うことができる場合があります。

　どのような状況の時に例外が適用できるかについては、所管部署に尋ねることが基本でしょう。ただし、前例があるからといって、あたりまえのように例外が適用できるという態度で所管部署に尋ねることは避けましょう。例外はあくまで例外であることを認識しておかなければなりません。

4 法令と学内規則に基づき手続きする

(1) 手続きと様式の意義を理解する

多くの業務においては、あらかじめ決められた手続きに基づいて進めることが求められます。その際、手続きにあたっての手順と様式が決められていることもあるでしょう。手順や様式が決められていることによって、業務を適切に遂行できるという利点があります。

手続きが決まっていれば、その業務に関するマニュアルを整備することができます。たとえば、任意の様式に記述することを認めることによって、法令や学内規則に定められている事項に漏れが生じることは避けなければならないでしょう。前もって様式が決められていれば、必要事項の記載漏れを防ぐことができるのです。

また、どの案件にかかるものかが一目でわかるようにするために様式が定められることもあります。様式が決まっていれば、一見するだけで何に関連する書類かがすぐにわかります。業務を誰でも効率よく、そして適正に行えるところに手順や様式の意義があるといえます。

(2) 手続きや様式の自己目的化に注意する

大学職員は多くの業務において、決められた手続きや様式に基づき処理します。その際、手続きや様式にそった処理をすることが手段ではなく目的になってしまわないように注意しなければなりません。手段そのものが目的になることを自己目的化といいますが、実際の業務において手続きや様式が存在する理由を考えずに、ただ機械的に処理することが目的となってしまうことがあります。これは、**官僚制**＊の逆機能と呼ばれるもので、官僚制を取り入れる組織が陥りやすい課題ですので注意しましょう。

もちろん、機械的に処理するだけであっても、手続きに関する正確な

> ## コラム　学内規則は一言一句にも影響する
>
> 　入職してすぐ、議事録を作成し上司に確認してもらったところ、「職員としての基本がわかっていない」と叱られた経験がありました。指摘されたのは議題の部分を「1．○○について」と書いていたのですが、「1　○○について」が正しかったのです。「企業であればこんな細かい点で指摘されることはないのに、大学は特殊だな」と思った記憶があります。
>
> 　しかし、「1　○○について」と記載するのは文書作成要領という学内規則で定められていたことであり、決して細かい点ではなかったのです。今回のケースでは先輩に叱られた程度で済みましたが、このようなミスは規則に違反しているということになります。したがって、手続きに手戻りが生じたり、他部署からの信頼を失ったりすることになりかねないのです。
>
> 　実は、国や地方公共団体でも文書作成に関する規則があり、用語や文体などについて細かなものが定められています。代表的な規則は、1952 年に内閣が出した通達に「公用文作成の要領」というものです。その中には、「稟請」などかたくるしいことばではなく「申請」を用いることや、「協調する」など音読すると「強調する」と区別がつかないことばは避けて「歩調を合わせる」と表現することなどが定められています。
>
> 　文書作成に関する学内規則は、所属大学に限らず多くの大学でも定められていますが、公用文作成の要領を参考にした大学もあるでしょう。大学は文書のやりとりが多い職場ですので、部署や作成者が違っても秩序立った文書作成を行うためには、学内規則を定めておくことが有効なのです。そうはいっても、実際の文書作成で一言一句にわたって学内規則と照らし合わせるのは大変ですので、筆者は過去の文書を参考にするようにしていました。参考になる文書がない場合には、特に接続語や指示語の使い方、数字や漢字の表記などが学内規則に合っているかを確認するとよいでしょう。

記録を残したり、ミスを防いだりすることはできるため、ある程度の業務をうまく進めることはできるでしょう。しかし、業務のあり方は日々変化しうるものであり、そうした変化に伴い、既存の手続きや様式がなじまなくなる場合もあります。このとき、手続きや様式を遵守することを自己目的化してしまっていると、業務のあり方の変化に着目することはできません。その結果、業務を適切に遂行できなくなることにつながるのです。

手続きや様式の自己目的化を避けるには、前任者から引き継ぎを受けるときに、手続きや様式の内容だけでなく、それらが決められた経緯や根拠、必要と判断された理由、といった情報も尋ねるようにしましょう。そして、「昔からのルールだから」といって、業務のあり方の変化に対する思考を停止させてしまわないようにしましょう。現状の手続きや様式に対応している大学職員自身が、よりよい手続きや様式を考える役割を担っているのです。

(3) 既存の手続きや様式を改訂する

手続きや様式の自己目的化に留意しながら業務を行っていると、これらを改訂する必要性に気づくことがあります。このような問題意識をもち、実際に行動しようとすることは、大学職員として大切な姿勢といえます。

ただし、改訂への問題意識が独善的なものになっていないかには注意するようにしましょう。手続きや様式に関することは職場全体の問題であるためです。自己判断で勝手に手続きや様式を変えてしまうことは避けなければなりません。上司などの職場の他者に自身が問題だと考える点を共有し、意見をもらうようにしましょう。現状の手続きや様式に関する問題点を文書で示したり、具体的な改善案を見せたりするのもよいでしょう。

また、改訂に伴い他部署に影響を与える場合もあります。複数部署でのやりとりに用いられる手続きや様式の場合は、関連部署の業務に支障が出ないかを確認するようにしましょう。他部署で類似した手続きや様式を運用していることもあります。このとき、改訂する旨を事前に伝えておけば、その部署の業務改善につながることもあるでしょう。

(4) 新たな手続きや様式を作成する

手続きや様式について具体的に定めている多くの文書は、「内規」や「申し合わせ」などと呼ばれます。大学職員が作成する側に立つことも

多いものです。

　このような文書の作成手順を簡潔に説明すると、以下のようなものがあります。まず、文書の根拠になる法令や学内規則ならびに、文書の作成目的を明記します。たとえば、「○○（根拠になる法令や学内規則などの名称）の施行について必要な事項を定める」といったものです。

　次に、詳細な内容を記述していきます。内容の記述にあたっては、根拠との「親子関係」を守るようにしましょう。文書の根拠になる法令などに記載された内容と矛盾する記述は避けなければいけません。また、あまりにも詳細な内容を記述することによって、業務の実態に合わなくなったり、負荷が大幅に増えたりすることもあるので注意が必要です。

　最後に、作成した文書について、然るべき意思決定機関から承認を得ます。文書の内容や影響範囲などを考慮したうえで適切な意思決定機関を検討します。部署内だけで適用する文書であれば、部署内のミーティングで承認をとるだけでもよいでしょう。ただし、必ず承認を得たことを記録として残しておかなければなりません。また、文書を一から作成するよりも、類似した学内規則や他大学の事例など、雛型になる様式を参照することにより、短時間で質の高いものを作成することが容易になるでしょう。

第6章 基礎的業務の遂行

1 定型業務が大学運営を支えている

(1) 人が主役となりサービスを提供する

　大学職員が担っている定型的なサービスのほとんどは、窓口や電話を介して行われます。たとえば、資格取得のために必要な証明書の請求を電話で受け付けた際には、丁寧な対応はもちろんのこと、相手のニーズに合った正しい証明書を発行することが求められます。

　同様の受付を繰り返すと、発行の速さだけが熟達し、サービスの受け手からどのように見られているかを気にしなくなってしまうこともあります。サービスを提供する側からすれば同じことの繰り返しかもしれませんが、受ける側にとっては、初めての経験かもしれません。しかし、大学の評判は、そのたった1回で決まってしまうことがあるのです。定型的なサービスであっても、人がいることを意識して提供することが求められます。

(2) 活動にはヒト・モノ・カネが必要である

　大学の諸活動を推進するためには、経営資源が必要です。主要な経営資源は、ヒト・モノ・カネとよく呼ばれるように、人的資本、物的資本、金融資本です。ヒト・モノ・カネに情報を加える場合もあります。大学職員は、それらを円滑に準備し、活動を成功させるために活用することが求められています。

　計画を練って企画書にまとめるだけでは、大学運営に必要な活動は実施できません。たとえば、**オープンキャンパス***では、看板やパンフレットの印刷を業者と契約する業務や、アルバイトスタッフを雇用し賃金を支払う業務が発生します。また、その財源を事前に確保しておく必要もあるでしょう。契約や雇用など、仕事の手順が決まっている定型業務が円滑に遂行されているからこそ、大学はさまざまな活動を推進することができるのです。反対に、定型業務に問題を抱えてしまうと、計画だけは立派だけれど実際に実現できないという事態になりかねません。

(3)　定型業務も変化に対応する

　大学には、毎年同じ時期に行う業務があります。たとえば、**学校基本調査***をはじめとする調査事項への回答や、毎年度発行する冊子の編集などです。これらは、過去の資料をベースに作業の流れを理解することができますが、前年度の資料を参考にするだけではミスが起こることがあります。関係法令の改正が反映されていなかったり、近々予定されている制度改正を見据えて先に変更すべき事項があったりするからです。また、そもそも前年度の調査回答の数値に誤りが生じている場合もある

でしょう。

　仕事の内容は同じであっても、それを取り巻く環境は毎年度異なります。いわゆる定型業務であっても、その業務の背景や根拠などを丁寧に確認して、ミスのないように心がけましょう。

(4)　定型業務は組織で担う

　担当者が不在であったとしても、定型業務の大半は、期限までに確実に対応する必要があるものです。たとえば研究費で購入した物品をチェックする大学職員が体調不良で不在の場合、教員がこの物品を必要な日に使えなかったことで、研究に支障が出てしまうかもしれません。

　業務を定型化するとは、誰もがその業務をできるようにすることです。もちろん、研究費として支出できるかどうかなど、担当者として判断が必要なものは誰もができるようにする必要はありません。しかし、基礎的な業務に関する状況や作業手順は、常に周りに共有しておくべきことです。自分が休んだ時に対応してほしいことのリストをファイルにまとめておくだけでも、学生や教員などの関係者に迷惑をかけずにすみます。自分が不在にしても問題が起こらないよう余裕をもったスケジュール管理を心がけ、定型的な業務に関する資料は誰でも確認できる状態に整理しておきましょう。

2　窓口は大学の顔である

(1)　証明書を発行する

　各種証明書を発行することは基礎的な業務の1つであり、各証明書の特徴を理解しておく必要があります。たとえば、**学位***は国が授与することはできず、大学などでしか学生に授与することができません。学位を授与したことを証明する学位記に何を記載するかは、大学で定めることができます。学位の授与については、**学長***の名前で証明することが

一般的です。

　また、教員免許取得のために必要な「学力に関する証明書」は、証明書に記載すべき事項が法令により定められています。法令が改正されているにもかかわらず、証明書の様式を変更していないと、古い証明書を受け取った学生や卒業生に迷惑をかけてしまいます。証明書は、その根拠をしっかりと確認することが重要です。

　証明書の発行ミスは絶対に避けなければなりません。卒業生から請求された成績証明書を、同姓同名の別人に発行してしまったという事例もあります。**個人情報**＊の漏洩を防ぐためにも、生年月日などの確認項目を複数人で確認する体制の整備が求められます。

(2)　申請書を受け取る

　大学は、国などの機関が実施している**奨学金**＊や研究費の申請をとりまとめる役割を担っています。実施機関へ提出する期限を厳守するのはもちろんのこと、学生や教員が作成した申請書にミスがない状態にします。ミスがない状態で申請するためには、申請する学生や教員に申請書作成に必要な情報をわかりやすく提供することや、事務室でのチェック体制を整えること、修正内容を反映してから提出できるようなスケジュールを組むことが必要です。

　ミスを防ぐための対策を実施するためには、担当者が制度を熟知するのは当然のこと、申請書を作成する学生や教員の立場になることが必要です。記入した申請書を受け取る際にはどの項目が書きにくかったのか、修正を依頼するときにはどのような情報があれば円滑に作成できたかを確認してみるとよいでしょう。

(3)　サービスを提供する

　大学は、ホールや運動場など施設の貸し出しや、キャリア支援や健康相談など、さまざまなサービスを提供します。学生や教員を対象にサービスを提供することが基本ですが、相手を拡大して、受験生を含む地域

の市民へ図書館の利用を提供している大学もあります。

　学生寮の充実やキャリア支援などは、民間企業でも同様のサービスを提供しています。学生寮を完全個室にするのではなく、留学生と一緒にキッチンなどの共有スペースを使う仕組みを設けることで学生の成長を促そうとしている大学があります。大学でサービスを提供する意味は何なのかを常に意識して、民間企業とは違ったサービスを提供する必要があるのではないでしょうか。

3　人を雇用し支える

(1)　雇用を取り扱う心構えを理解する

　人の雇用と支援は大学職員の基礎的業務です。大学での雇用にはさまざまな形態があります。たとえば研究補助やオープンキャンパスの運営スタッフとして、在学生をアルバイトとして雇用することがあります。常勤教職員については人事課など専門の部署が中心となって採用や雇用に関係する事務を取り扱うことが一般的ですが、非常勤教職員やアルバイトなどは、各部署の中で取り扱っている場合も多いでしょう。そのため、大学職員にとって、雇用に関する業務は何度も経験する事務の1つといえます。

　採用や雇用に関する業務は、提出する書類や時期にいたるまで学外の法令が密接に関係しています（表6-1）。その法令も改正されることが多いため、常に最新情報を理解していなければなりません。

　また、大学の業務は個人情報を扱う仕事であることも忘れてはなりません。家族構成からマイナンバーにいたるまで、個人情報にかかわる内容が記載された書類やデータは、担当者が業務以外で閲覧できないように厳重に管理するとともに、得た情報を不用意に他人に話しては絶対にいけません。

表 6-1　雇用に関する法令や制度の例

男女雇用機会均等法	募集や採用、労働条件の更新など、「性別」を理由とする差別は禁止されている。
無期雇用転換制度	2013 年 4 月 1 日以降に、有期労働契約が通算 5 年を超える場合、労働者が申し出ると、有期労働契約の終了後に無期雇用へ転換される（大学等および研究開発法人の研究者、大学教員等は 10 年の特例あり）。雇用の内容によってさまざまであるため、労働契約法などをよく確認すること。
障害者雇用促進法	大学の規模に応じて、障がいのある者を一定割合雇用する。

出所　著者作成

(2)　出勤や休暇を管理する

　雇用者である大学と労働者である個人の間では、労働時間や業務内容などが雇用契約で細かく取り決められています。たとえば、作業時間が予定より大幅にかかることが当日になって判明しても、アルバイトに残業を指示することができるかどうかは、担当者や職場の上司が個人の判断で決められることではありません。雇用時にアルバイトへ提示している雇用条件にどのように記載されているかをまず確認することが必要です。

　労働時間に関する考え方は、そもそも法令で細かく定められています。ここでは例として、サブロク協定と呼ばれる 36 協定を紹介します。**労働基準法***の第 36 条に規定されているため、そのような名称で呼ばれます。その内容は雇用者側が法律で定められている労働時間を超えて働かせる場合、労働者側との間で事前に協定を結ぶ必要があり、年 1 回、労働基準監督署に届け出なければならないというものです。この協定を結んだとしても、残業は無限に認められているわけではなく、1 日、1 カ月、1 年などの単位で細かく上限が定められています。そのため、出勤時間や退勤時間だけでなく、決められた時間に休憩をとっているか、いつ休暇を取得しているかなどを正確に把握し記録しておく必要があるのです。

表 6-2　大学が支給する手当の例

扶養手当	生活費を負担すべき家族がいる場合に支給
通勤手当	通勤に必要な交通費を支給
超過勤務手当	所定の勤務時間を超えて勤務した場合に支給
管理職手当	大学があらかじめ定めた役職者に対して支給
職務実績手当	入試など特定の業務に従事した場合に支給

出所　著者作成

(3)　給与や手当を計算する

　給与や手当を計算するためには、まず賃金単価を理解していなければなりません。たとえば同じアルバイトであっても、単純な事務作業と研究支援など専門性の高い業務では、時間単位の賃金を分けて設定している大学が一般的です。いつ働いたかだけではなく、内容や賃金単価を細かく確認する必要があります。

　また、手当の中には、不正受給が問題となる場合もあります。たとえば、大学へ電車を利用して通勤することを届け出ている教職員が、特段の理由もなく自家用車で通勤していた場合は、交通費の不正受給として罰せられることもあります。この特段の理由についても、個人で判断できるものではありません。事情によってやむを得ない場合などは大学へ事前に届け出て、承認された場合のみが認められます。手当の適用は、一般的に学内規則などで定められており、担当者の判断だけで決められるものではないため、そのつど、上司や学内の担当部署へ相談しましょう。

(4)　福利厚生制度を周知する

　大学には、結婚、出産、育児、介護に対する支援や保養施設などの教職員の生活を充実させるさまざまな制度があります。それぞれの制度ごとに、必要な書類や申請時期が細かく定められています。後になってこの制度を適用すればよかったということがないよう、制度を熟知し自分

だけでなくほかの教職員にもタイミングよく周知できるようにしておきましょう。それが大学における質の高い活動にもつながるのです。

4　金銭や物品の出入りを管理する

(1)　公金を扱う心構えを理解する

　大学で扱うお金は、学生からの**納付金**＊、税金を原資とした交付金や補助金、卒業生や企業からの寄附金などが含まれています。そのため、公平・公正で第三者に説明できるお金の使い方が求められます。

　たとえば、大学の事務室用パソコンを1台購入する際に、親しい友人が勤務している家電量販店を選んで購入することは望ましくありません。事務用パソコンを定価で購入して、本来割引されるはずの金額を個人の買い物に適用しているのではないか、購入する際に付与されるポイントの一部が購入者個人へ付与されているのではないか、友人の営業成績に貢献するために購入しているのではないかと疑われるからです。

　誰しも自分の行動を第三者から疑われたくないでしょう。また、不正が疑われると、大学全体に迷惑がかかってしまうおそれもあります。気持ちよく業務を進めるためには、不正が疑われる方法を避けなければなりません。

(2)　予算の流れを理解する

　予算と決算という言葉を聞くと、一部の職員だけが扱っているように思われますが、大学のすべての部署で予算と決算が必要です。

　大学は企業と異なり、利益を発生させることが目的の組織ではありません。だからといって、収入のすべてを使いきればよいというわけでもありません。よりよい教育、研究、社会貢献活動によって社会全体をよくするために収入をどのように扱えばよいか、その具体的な計画が大学における予算です。そしてその結果を検証し、翌年度以降の計画につな

げることが決算といえるでしょう。

　予算の編成では収入をできるだけ正確に把握する必要があります。収入の内訳は大学によって異なり、学生納付金の割合が多い大学もあれば、税金が原資となる**運営費交付金***等の割合が多い大学もあります。各窓口で扱っている証明書の発行や学内施設の貸出に対する手数料なども収入に含まれます。これらの収入と支出が等しくなるように予算を編成することが原則ですが、校舎の改修といった大きな資金を準備するためには、毎年度、剰余金を発生させて積み立てるといった計画的な運営を行わなければなりません。

　大学全体の予算は、担当者それぞれが必要な金額を見積もり、それらを合わせることで完成します。それぞれの必要な金額を単純に合算すると、予定している収入を大幅に超過してしまうでしょう。そのため、予算管理部署が積算根拠の確認や事業の見直しなどを求めます。担当者は、事業が大学全体の計画や方向性とどのように関係しているかなどを理解して資料を準備しなければなりません。

(3)　適正に契約・支出をする

　各担当者は決められた予算の範囲内で契約や支出をします。第三者から不正を疑われることがないよう、各大学で定められたルールに基づい

表 6-3　会計業務で使われる用語の例

総価契約	単価や数量などの詳細を確定させて契約する。
単価契約	単価だけ確定させて、利用実績に応じて支払金額が確定する。コピー機をレンタルし、実際の利用枚数で支払う事例などがこれにあたる。
概算契約	単価や数量、金額を契約前に確定することが困難な場合、おおよその金額で契約だけ行い、詳細が確定してから支払金額を確定させる。
一般競争入札	経営状態など事前に設定した参加資格を満たした企業を集め、一番安く金額を提示した業者と契約をする。
指名競争入札	特定の条件を設定して、入札できる業者を大学側で指名すること。
随意契約	競争入札をせず契約先を任意に決定すること。

出所　著者作成

て、取り扱うことが求められます。

　個人の買い物のように、必要になったら財布から現金を出すというようなことはできません。支出が必要になる日よりも前に、大学で定められた事務手続きを行っておく必要があります。事故や不正の発生を未然に防ぐため、現金ではなく、振込などで対応することが一般的です。宅配便サービスの利用などのように現金をどうしても扱わざるをえない場合は、複数人で金額を確認するなどの工夫をしましょう。

　表 6-3 は、大学における会計業務で使われる用語の例です。コピー機のレンタルや、清掃の業者委託などは、大学と企業の間で事前に契約を交わさなければいけません。A社で契約すれば安いうえに質の高いサービスを受けることができるのに、大学とB社の担当者間で個人的なつながりがあるため、B社のまま契約し続けることは望ましくありません。そのため、契約を希望する業者を広く集めて、価格と質が一番よい企業と契約する、競争入札を原則とする大学が多くあります。

(4)　決算で説明責任を果たす

　定められた予算の範囲内で適正に支出したかを確認するため、年に1回、支出や契約の結果を大学全体でとりまとめることを決算といいます。決算では、資金のやりとりだけではなく、土地や建物、図書やパソコン

といった大学の資金で購入したすべての資産が適正に管理されているかどうかも確認します。

あらかじめ定められた会計ルールに基づいた事務手続きを適正に行わなければ、決算で余分な苦労することになります。そのため、日々疑問に感じることがあれば、その場で先輩や上司に確認するようにしましょう。

決算は、より質の高い活動を行うためにどのように支出が行われたかを、資金を負担した人々に対して説明するという意義も含みます。大学の経営は、利益を出すことが目的ではありませんが、大学は社会全体の利益を生み出す存在であり、決算によって**説明責任***を果たす必要があるのです。

第7章 業務における判断

1 さまざまな判断が求められる

(1) 判断が難しい場面に直面する

「指示されたことをそのまま実行するだけではなく、自分で考えて行動しなさい」と言われたことはありませんか。一方で、「自分勝手に判断してはいけません」と注意されたこともありませんか。これらの異なる忠告は、矛盾しているわけではありません。業務には自分で判断すべきことと判断を仰ぐべきことの両方が存在することを示しているのです。

大学職員が自身で何をどこまで判断できるのかは、さまざまな条件によって異なります。学内規則やマニュアルのような明文化された判断基準があれば、比較的容易に判断できるでしょう。また、役職によって権限が決められていれば、その権限の範囲内のことは判断できるといえます。

しかし、業務においては学内規則やマニュアルといった根拠がなく、容易に判断できない場面があります。その場合は、専門家に意見を求めたり、学内外から情報を収集したりするといった方法で、判断に足る根拠を収集する必要があります。また、学生対応など、その場で判断が迫られることもあるでしょう。自身が判断の権限をもたない場合は、権限をもつ人の判断を助けるための情報提供を行うこともあります。

(2) 状況次第で判断は変わる

　どのような業務であっても最終的な判断を下す人あるいは組織があります。一度下された判断は、前例として学内において法令や学内規則に準ずる根拠として取り扱われるでしょう。

　ただし、以前に下された判断が常に通用するわけではありません。法令や学内規則が変われば、それに対応するための新たな判断が求められることもあるでしょう。上司が代われば部署における業務の進め方も変わるかもしれません。また、たとえ同じ上司であっても、状況によって考え方が変わり、それに伴って判断が変わることもあります。したがって、業務における判断は、状況に左右されるものであるということを念頭に置いておくようにしましょう。

(3) 結論をすぐに出さないという判断もある

　判断というと最終的な結論を出すことがイメージされがちです。しかし、必ずしもそうではなく、結論をすぐに出さないと判断することもあります。

　たとえば、会議での議論が進まない時や、十分な情報が得られない時などがあります。このとき、業務においてよりよい結果を生み出すことを企図して、結論を出すタイミングをあえて先延ばしにすることがあります。すぐに結論を出すべきかどうかは、委員会の委員長など役職者が判断することが一般的です。大学職員は、その判断を助けるために過去の事例や関連する**部局***から事前に得た情報を提供する役割を求められることがあります。

2　判断の根拠を明確にする

(1)　判断には根拠が必要である

　適切な判断のためには、根拠を示すことが必要です。根拠がないと、その判断が妥当かどうかわからないため、他者の理解を得ることは難しくなります。もちろん、適切な根拠を探すために膨大な時間や労力を要することがあります。その場合は効率性や生産性を優先する場合もあるでしょう。

　根拠が十分でない判断は簡単に覆ったり、誤りを指摘されたりする可能性があります。特に、学外への報告内容の根拠が誤っていると、大学全体が社会的信用を失うことにもつながります。したがって、業務における判断にあたっては、常に説得力があるかどうかを考え、根拠を準備しなければなりません。これは自分自身で判断する場合も、他者の判断を支援しようとする場合にも共通しています。

(2)　さまざまな情報が根拠となりうる

　大学の業務においては、さまざまな情報が根拠となります。学内規則

やマニュアルは、どの大学にも共通して用いられることの多い根拠です。そのほか、前例や学内文化も根拠となる情報でしょう。大学の創立者が生きていたらこの状況をどのように判断するのかを根拠とする大学もあるようです。また、現状を表す数値などのデータも根拠となりえます。近年は**インスティチューショナル・リサーチ***が重要視されるようになっていることからも、学内の教員や学生に関するデータが根拠となる情報として注目されるようになりました。

　また、他大学の動向も根拠となりえます。特に、設置形態、規模や学部構成が類似した大学の動向に対して、大学の経営層は高い関心を示す傾向にあります。

　このように、根拠となる情報は多様です。ただし、法令であれば改正される可能性がありますし、学内の状況や社会情勢が変われば通用しなくなる根拠もあります。したがって、根拠となる情報を取り扱うには、その情報が最新のものかどうか、あるいは、現時点の自大学あるいは自部署で通用するかどうか、十分吟味しなければなりません。

(3)　教育研究の論理を考慮する

　企業では経営の論理を最優先で考えることが多いですが、大学においては教育研究の論理を踏まえる必要があります。たとえば、大人数の講義を増やして教員数や教室数を減らそうとすることは、経営の論理だけで考えれば妥当な判断かもしれません。しかし、教育研究の論理ではそうではありません。

　教育研究の論理のもととなる考え方は、学生の学習や研究をどのように支援できるかという観点です（中井・上西編 2012）。大学の業務にあたっては、この観点を踏まえて判断することが必要です。もちろん、そのために無尽蔵に予算を使用してよいわけではありません。法人として予算を確保するためには、やはり根拠が必要です。たとえば、**ティーチングアシスタント***の予算を増やそうとするのであれば、学生の学習成果への影響を根拠として示すことが望ましいでしょう。

　私が職員になって間もない頃、各学部の代表が出席する教学関連の委員会に陪席することがありました。そのうちの1つの議題について、委員長が「本日は審議しません。各学部にもち帰って意見を収集し、2週間後までに事務局に意見を報告してください。」と言い、議題について審議しないことがありました。私は「すぐに審議して了承を得た方が手っ取り早いと思うのですが、なぜ委員長は意見をもち帰らせたのでしょうか」と上司に尋ねました。上司は「来月になればわかるよ」と言っただけでした。

　翌月の委員会。各学部の意見を踏まえた修正案を審議したところ、特に異論なく了承されました。私は上司に「もち帰った翌月に審議することはよくあるのですか」と尋ねると、「急がば回れだよ」と返答されました。その後も委員会に陪席し続けるうちに、次のことに気がつきました。

　まず、委員会で一度否決された議題を再び出すのは困難であることです。したがって、委員からの意見を十分に聞き、否決される可能性のある場合、委員長は基本的に決を採りませんでした。翌月以降に継続審議とするか、時間をかけて修正案を練るケースがほとんどであり、委員長は「急がば回れ」を実践していたのです。

　次に、委員がその場で出された議題について判断できるとは限らないことです。多くの委員は学部を代表して出席しているという意識をもつため、議題について学部の構成員の意見を聞きたいと考える傾向にあります。1つの議題を審議し了承するために、当然ながら委員側も判断材料をもった上で判断したいと考えているのです。

　委員の判断を助けるために、委員会を運営する事務局が事前に各学部の事務局を通じて議題を提示し、学部の執行部や委員の反応を伺うこともありました。いわゆる根回しにあたるものですが、根回しには審議に必要な判断材料を提示するという意味も込められているといえるでしょう。委員会を運営する立場であれば、重要な議題ほど「急がば回れ」の精神をもち、適切な判断を促す支援をしなければならないと私は考えています。

　いずれにしろ、経営を至上のものととらえるのではなく、教育機関としての教育研究の論理を踏まえた判断が求められるといえます。

(4)　専門家の意見を取り入れる

　業務における判断の根拠として、専門家の意見が取り入れられること

もあります。たとえば、法務を担当する部署であれば、顧問弁護士との
やりとりが定期的に行われています。顧問弁護士は、学内規則を作成す
る際の妥当性や、学内関係者が関係する裁判にかかわることなどについ
て、専門的な見地から相談に応じています。

　大学にとってもっとも身近な専門家は学内にいる教員です。法律だけ
でなく、経済、医療、教育、国際関係、建築、土木など、多様な専門分
野の大学教員の意見を聞くことも、判断の助けになります。このような
大学教員は、専門分野と関連の深い業務を行うセンターや室の長や全学
委員会の委員などに委嘱されている場合が多くあります。大学職員とし
ては、学内にどのような専門分野の教員がいるかを一通り把握しておく
とよいでしょう。

　ただし、意見を仰ぐことのできる専門家が複数いる場合は注意が必要
です。学内規則の妥当性であれば、法学部の教員に尋ねる方法もありま
すが、大学から意見を聞く役割を担っているのは顧問弁護士ですので、
そちらに尋ねるほうが妥当といえます。

　専門家の意見は相反するおそれがあることにも注意しましょう。法律
や統計分析の結果など、複数の解釈が可能なものがあるためです。判断
にあたっては、1人の専門家の意見を絶対視するよりは、ほかのさまざ
まな情報と総合して考えるほうが、より適切に判断できる可能性を高め
られるといえるでしょう。

(5)　学内外の情報を参照する

　法令や学内規則が判断の根拠となることからもわかるように、根拠と
なる情報は学内と学外の双方に存在しています。

　学内の情報であれば、中長期の計画や目標、予算書、**認証評価**＊の自
己評価書などを調べると、全学的な動向の大枠を把握することができま
す。入試や学籍などの学生に関する詳細なデータは、**データウェアハウ
ス**＊の形で一元管理されている大学もあります。しかし、すべての大学
でデータウェアハウスが整備されているわけではなく、その場合は各部

署にデータの提供を依頼することになります。

　このようなデータの収集をはじめ、その分析や発信を、大学としての事業計画や政策立案、あるいは意思決定に活用することが求められるようになりました。このような機能は、インスティチューショナル・リサーチと呼ばれ、2010 年代以降に専門組織を設置する大学が急速に増えてきています。学内のデータの収集や分析が必要となった場合は、そのような部署の協力を得られないか検討するのも一考です。

　時系列や部局ごとの比較を行うことなどにより、根拠となる学内情報を得ることは可能です。そのような情報に加えて、さらに学外のデータと比較することにより、根拠としての説得力を高めることができます。

　また、新規事業の立ち上げのように学内に前例がない場合は、必然的に学外から事例を収集することになります。先行事例となる他大学の訪問調査やウェブサイト検索、調達業者へのヒアリング、関連する**学会***や**コンソーシアム***への参加などによって情報を収集することができるでしょう。

3　判断に必要な考え方を理解する

(1)　当事者意識をもつ

　業務では、多かれ少なかれ自分自身で判断する機会があります。たとえば、「コピーをとって」といった漠然とした指示なら、いつまでにどのような仕様でコピーするかについては一任されているかもしれません。ここで重要になってくるのが、当事者意識です。当事者の立場で考えると、どのようにコピーをとるのが適切かを自然に考えることになるでしょう。具体的には、コピーされた文書の読み手は誰か、枚数や部数はどの程度か、期限はいつまでかといったことです。

　新任あるいは若手の大学職員は、権限や裁量が比較的小さいため、上司や先輩に判断を仰ぐことが多くあります。その際に避けたいのが、判

断を丸投げすることです。判断を仰ぐのと丸投げするのとでは、当事者意識の有無が異なります。ここでいう当事者意識とは、伝えるべき情報や伝え方をどのように工夫すれば、上司や先輩の判断を促せるかといった思考のことを指します。

　自身に権限や裁量がない場合であっても、常に当事者意識をもって問題や課題と向き合うようにしましょう。職場における信頼を得ることにつながるでしょう。そして、大学職員としての経験を積むにつれて、判断の当事者となる機会は増えてきます。権限や裁量が少ないうちから、自分が上司になったらどのように判断するだろうかということを考えながら業務に取り組むようにしましょう。

(2)　判断の観点を考える

　ものごとが適切かどうかを判断する観点にはさまざまなものがあります。たとえば、国際化が進んでいるかどうかを判断するにあたって、どのような観点があるかを考えてみましょう。まず、留学生の受け入れや送り出しの人数が挙げられます。さらに、留学期間も考慮される要素となるでしょう。およそ3カ月以内の短期か、それ以上の中・長期かといったように分類して集計されるのが一般的です。また、外国の大学との連携や交流に関する協定の数も、国際化の指標として用いることができます。もちろん、協定を結んだ後にどのような交流がされたのかを確認しておく方が望ましいでしょう。さらに、外国人教員の数や日本語以外の言語で開講されている科目数など、国際化といってもさまざまな観点があるといえます。

　観点を決めた後は、それぞれに観点について適切かどうかを判断します。判断する方法には、中期目標や中期計画で定めた数値の達成率を測定したり、前年度の数値からの変化を見たり、同規模の他大学と比較したりするなどの方法があります。何らかの基準を設けておくことにより、適切かどうかの判断がしやすくなるといえるでしょう。

(3) 多様な判断を尊重する

業務における判断基準は、個人の価値観や経験に左右されがちです。たとえば、学生対応をサービスと考える大学職員もいれば、指導と考える大学職員もいます。教務の窓口に「留学資金を貯めるためにアルバイトをするので休学したい」と申し出た学生への対応について考えてみましょう。多くの職員は、国際関連の部署や指導教員への相談を促したり、奨学金制度を紹介したりすることから始めるでしょう。しかし、その後も学生の意思が変わらない場合はどうでしょうか。学生の要望どおりに休学届の様式を渡す大学職員もいれば、休学してまで資金を貯める必要性について考えさせる大学職員もいるはずです。どれが本当に正しい判断かは、状況によって異なるかもしれません。

少なくとも、個人の価値観や経験だけで判断するのは適切とはいえません。他の職員はどのように考えるのか、所属部署として過去にどのような対応をしてきたか、学生支援関連の部署であれば別の対応ができるのかなどに関する情報を収集しておくほうが望ましいといえます。

他者の判断を知ることにより、自分の判断の選択肢も広がり、その時々の状況に合った適切な判断ができる可能性を高められます。自身の判断が誤っていれば、修正するためのヒントも得られます。他者の判断を参考にすることを通じて、判断に対する視野を可能な限り広げようとすることが、業務において望ましい姿勢といえるでしょう。

(4) 暫定的な判断もありうる

組織的に判断をするためには、学内での決裁や委員会の承認が必要になります。したがって、適切な判断をするためにはある程度の時間を要します。

しかし業務においては、判断するための時間が十分確保できない場合もあります。業務においては、判断した後にも根拠となる情報が新たに入手できたり、多少の失敗があっても軌道修正できたりすることもあり

ます。そして、判断がないと具体的な行動に移せない場合もあります。こういった場合の対処として、限られた根拠の中で暫定的な判断を行うことがあります。

暫定的な判断を行ううえでは、大学職員の経験が唯一の根拠として用いられることもあります。暫定的といっても、全く根拠のない中で判断を行うべきではなく、少しでも根拠をもてないか考えるようにしましょう。

4　他者の判断を支援する

(1)　自分だけですべての判断はできない

業務においては自分以外の他者が判断する場面も多くあります。特に異動直後などは、その部署での経験が少ないため、他者の判断を仰ぐことが多くなりがちです。このような状況において、無理に自分自身で判断することは適切であるとはいえません。

したがって、誰に判断を仰ぐかを見極めることも、大学職員の業務を行ううえでは重要な能力になります。直属の上司にすべての判断を仰ぐとは限りません。先輩や同僚、他部署の職員などに判断を仰ぐこともあるでしょう。自分あるいは他者がもつ権限や裁量、能力、現状の業務量などを考慮することが、誰に判断を仰ぐかを見極めるポイントになるでしょう。

また、判断をする経験によって、多面的なものの見方やさまざまな調整能力が身につきます。そうした能力育成を図ることをねらいとして、あえて部下や後輩に判断を任せることもあるかもしれません。

(2)　判断を仰ぐタイミングに配慮する

他者に判断を仰ぐ際に、そのタイミングに配慮することは業務における基本です。適切な判断をするためには、ある程度の心理的な余裕が必

要です。会議や休憩、帰宅の直前といった心理的な余裕をもちにくいタイミングで判断を仰ぐのは避けるようにします。他部署であれば、その部署の繁忙期や忙しい時間帯への配慮が必要でしょう。心理的な余裕がないといった状況で判断が左右されることは業務において正しいこととはいえませんが、現実としては十分起こりうることなのです。

　相手の状況を把握しかねる場合は、後で適切なタイミングを見計らうこともできます。たとえば、メールで用件を送付しておいたり、机の上に関連する資料を置いておいたりする方法などです。相手の都合の良いときに「先ほどメールでお送りした件ですが……」と切り出せば、円滑に判断を仰ぐことができます。

　また、納期や期限との兼ね合いを考えるようにします。期限まで十分な時間があるのにもかかわらず、その場での判断を迫ってしまうことは適切ではありません。たとえば、**人事異動***の内示が出る前に来年度の業務の役割分担に関する提案をしても、上司は判断に困るでしょう。内示が出た後に意見を伝える方が、上司は実情に合った役割分担を考えることができるのです。

　ただし、上司に判断を仰ぐタイミングを計りかねたために、業務が滞ったり判断する時間がなくなってしまったりすることは避けなければなりません。判断を仰ぐタイミングに配慮するのは、業務を適切に進めるためであることを忘れないようにしましょう。

(3)　判断に必要な情報量を考える

　判断を仰ぐには、根拠となる情報を適切に提示することが求められますが、その際、提示する情報量に注意しなければなりません。情報量が多すぎても少なすぎても判断には支障が生じます。

　情報を提示する際にありがちなのが、大量の資料を準備してしまうことです。判断を仰ぐ際に数十枚もの資料が準備されることがよくあります。大量の資料を解釈しようとすると、相当の時間を要します。正確な情報を伝えたうえで的確な判断を仰ごうとする意図自体は否定すべきも

のではありませんが、同時に必要最小限の情報は何か意識しておく必要があります。

どうしても資料が多くなる場合には、1ページ程度の要約を添付しておいたり、重要な部分に付箋やマーカーで目印を付けておいたりするなどの工夫をしておくとよいでしょう。ただし、要約や目印を用いることで、もとの情報がもつ文脈や論理構造を崩さないようにしなければなりません。もとの情報をすべて見た時と異なる判断を導くような要約あるいは目印になっていないかを確認しておきましょう。

(4) 判断する者のパートナーとなる

他者に判断を仰ぐ場合、相手は上司、業務の主担当者、教員が比較的多いでしょう。ここで考えておかなければならないのは、上司、主担当者、教員であるからといって、正確な判断ができるとは限らない点です。未経験あるいは難易度の高い業務であれば、判断に迷うこともあるでしょう。そのような時に、判断の選択肢を提示できれば、相手の判断を促すことができます。選択肢には、判断に必要な論点や基準、利害関係者などの背景となる情報が含まれているためです。選択肢があれば、一から考えるよりも短時間で判断することもできるでしょう。また、どのように判断すればよいか意見を求められることがあります。したがって、他者に判断を仰ぐ場合であっても、自分なりの意見をもっておくことが大切です。

このような支援ができるということは、判断の対象となる問題や課題に対する当事者意識をもっていることの表れともいえます。こういった形で他者の判断を支援することを続けていると、他者の判断を支援するパートナーとして認められ、業務に関する提案の機会や裁量が増えたりします。もちろん、そのような支援は本質的には業務の目的を果たすために行うのですが、結果的に業務のやりがいにもつながっていくでしょう。

第8章 業務の見直しと改善

1 業務改善の意義を理解する

(1) 業務の進め方を見直す

少子化をはじめ、グローバル化、大学間の競争環境の激化、産業界や地域からのニーズの変化などによって、大学職員の担う業務は年を追うごとにますます複雑化し、高度化しています。次々に現れる新しい仕事を前に目の前の仕事をこなすのがやっとという大学職員は多いかもしれません。期待される役割が、管理運営から教育研究支援の諸領域に広がっています。「十年一日のごとく」同じように仕事をしている時代ではないのです。新しい仕事をするためにも、前年度までの業務の進め方を見直し改善していく姿勢が大学職員には必要なのです。

(2) 業務改善で働きやすくなる

業務改善というと、トヨタ自動車のカイゼンを思い浮かべる人もいるでしょう。日本の製造業における工場の作業者が中心となって行う業務改善の方法は、現場にいる者が知恵を出し合い問題を解決していく点に特徴があります。このような日本の製造業が得意とする業務改善は大学においても有効です。

業務改善から得られる最大の効果は、時間と労力の捻出です。時間と労力が捻出できれば、各種サービスの質を向上し、大学にダメージを与えるようなリスクを軽減し、将来に向けた新しい業務に力を注ぐことが

できるでしょう。

　また、業務改善は労働環境の改善にもつながります。業務改善によって時間と労力に余力が生まれれば、重要な業務に集中することができ、それが長時間労働の是正や時間外労働の削減を導き、大学職員が一層やりがいをもって働きやすくなるのです。

2　さまざまな方法で業務を改善する

(1)　ECRS の原則を理解する

　業務改善を行うにあたっては、さまざまな方法がありますが、わかりやすい **ECRS の原則***を覚えておくとよいでしょう。イクルスの原則と読みます。

　ECRS の原則は、業務改善をするために考える視点を示したものです。ECRS は、Eliminate（排 除）、Combine（結 合）、Rearrange（置 換）、Simplify（簡素化）の英語の頭文字をとったものです。通常、E、C、R、S の順序で業務を見直します。

(2)　不要な業務をなくす

　必要でない業務をすることは最大の無駄です。「この業務はそもそも何のために行っているのか」「この業務は本当に必要なのだろうか」という問いは業務改善でもっとも重要な問いであり、最初に考えるべきものです。特に**人事異動***などで初めて担当する業務の際に意識したい問いです。前任者に「この業務は何のために行っているのですか」と確認

表 8-1　ECRS の原則

Eliminate	不要な業務をなくす
Combine	業務をまとめる
Rearrange	業務の順序や方法を見直す
Simplify	業務を簡略化する

をしてみましょう。その際に「前からそうなっているからです」という回答があった時は要注意です。これまで意義や目的を特に問わずに行われてきた業務である可能性があります。

　その業務が必要か必要でないかという2択で考えるとなかなか結論が出せず「とりあえずやっておこう」という思考が働いてしまうことがあります。その際には、優先順位を付けることが重要です。優先順位を付ける方法として、Must（必ず）、Should（できるだけ）、Better（できれば）の3種類に分類する**MSB法***があります。業務というのは長年の間に、少しずつ拡大していくものです。よかれと思って行ったことや、その時たまたま時間に余裕があったので行ったことなどが、引き継がれていく中で「できる限りするべきこと」になり、やがて、「必ずしなくてはならないこと」になっていくからです。業務改善で重要なことは、業務の必要性や重要度を冷静に分析し、Better や Should の業務でやめられるものをやめることです。

　たとえば、毎年行われるある年中行事の案内を、まずは委員会で告知し、その情報を各委員が学科会にもち帰って報告するという業務があるとします。かつてはこのような方法でしか情報伝達ができなかったので必要な業務でしたが、現在ではこのような情報は学内メーリングリストや**グループウェア***で周知することが可能です。

　第三者に「本当にその業務いるの」「無駄じゃないの」と言われると、自分自身を否定されたように感じてしまうかもしれません。しかし、業務というのは一旦慣れてしまうとそういった疑問をもつことが難しくなってくるものです。「本当に必要か」と互いに問いかけあう雰囲気が、組織やチームの中で形成されると業務改善は促進されるでしょう。

　ただし、不要な業務をなくす判断は慎重に行いましょう。一見、必要がない業務であっても、重要な意義が潜んでいるかもしれません。後々のトラブルを避けるためには、やめる判断は独断で行わず、できるだけ前任者、上司、同僚とよく相談して根拠を確認し決定することが大切です。

(3) 業務をまとめる

　複数の業務をまとめることでも業務改善はできます。たとえば、入学式後のガイダンスに欠席した学生が 10 人いて、それらの学生が来室するたびに丁寧な説明を行っている大学職員がいたとします。1 人 30 分の説明を行うと、10 人で 5 時間が必要です。この場合、事前に「欠席者向けガイダンス」という時間を設定して対象者を集めることができれば時間を節約することができたはずです。ガイダンスに欠席者が発生することは予測できるので、どのように対応するのかを事前に計画しておくことで、時間を有効に活用することができます。

　また、学生手帳と履修要項において全く同じ内容が掲載されるにもかかわらず、学生課と教務課で別々に原稿の編集を行っている場合は、相互に声をかけ、共通部分のファイルを統合することで業務改善ができます。さらに、定例で行っている会議はまとめて回数を減らす、個別で送っているメールはグループ送信する、会議の議事と議事録の形式を統合し議事録作成の業務を簡潔にするなどによって業務は合理化されていきます。

　一方、部署をまたいだ業務をまとめる際には注意が必要です。業務をまとめようとすると、他部署への干渉と受け止められて反発を受けたり、結果として自分の部署にばかり仕事が集まってしまって同僚から「余計なことをするな」という批判を受けたりする可能性があります。だからといってそのまま手をつけなければ、いつまでたっても業務は改善されません。大学全体のためには、部署をまたいだ業務をまとめることは重要ですので、上司に相談して慎重に進めるとよいでしょう。

(4) 業務の順序や方法を変更する

　業務の順序や方法は、その結果に影響を与えます。「今の業務の順序や方法は効率的なのだろうか」「もしかしたら順番や方法を変えたほうがよいのではないだろうか」という視点で業務を見直すことができるで

しょう。

　たとえば、会議で意見が割れて収集がつかず、紛糾して結論が出ない場合があります。一旦こじれてしまうと感情的にもしこりを残すことにもなり、解きほぐすにはかなりの時間と労力を費やします。そうであれば、事前の調整に時間と労力を使ったほうが全体としての生産性は向上するでしょう。事後に要する労力を、事前の調整に用いるのです。

　逆に、意見が割れる可能性が低い、あるいはたとえ意見が割れてしまっても影響が小さい案件であるにもかかわらず、事前の調整に時間と労力を使っている場合もあります。その場合は事前の調整はやめ、会議時間中に議論を尽くすこと、つまり事前ではなく当日に労力を集中させることが有効な場合もあります。

　業務の順序だけでなく、業務の方法を変更することもできます。たとえば、大量のアンケートの入力作業に関しては、大学職員が担当する、学生アルバイトに依頼する、専門業者に外注するなどの方法があります。また、紙の用紙に記入するのを、ウェブサイトでの入力に変更することで作業を大幅に効率化する方法もあります。どのような方法が最善なのかを検討しましょう。

　大学の授業においても、順序や方法を変えることで効果を上げている

例があります。その1つは、**反転授業**＊です。反転授業とは、授業時間外に講義映像を学生に視聴させ、授業時間内に練習問題や議論を中心とした学習を行う形態の授業です。講義を授業時間内に受けて、練習問題などを課題として授業時間外に行うという従来の形態を反転させているため、反転授業という名称が付けられています。この方法を教職員対象の研修に活用する大学もあります。順序や方法を検討するという視点はさまざまな業務で試してみる価値があるといえるでしょう。

(5)　業務を簡略化する

業務は簡略化することによっても改善できます。業務が簡略化されると、作業が楽になるだけでなく、多くの者がその業務を共有しやすくなります。

簡略化の有効な方法は標準化です。たとえば、業務のマニュアルを作成することで業務を標準化することができます。マニュアルには、簡単な手順だけでなく、業務の全体像、目的や背景、**ステークホルダー**＊、時期、ボリューム、ミスをしやすい箇所の指摘、よくある失敗、よくある質問、過去の判断事例、使用する帳票や様式、状況がイメージできる写真などを含めるとよいでしょう。

文書作成の場合は、企画書、依頼状、報告書、議事録などの資料のテンプレートを作成するのもよいでしょう。資料を標準化することによって、書類作成時間が短縮され、フォーマットの統一により上司のチェックがスムーズになることにつながります。

(6)　業務改善のアイデアの視点を増やす

業務改善のアイデアを発想するために、排除、結合、置換、簡素化からなる ECRS の原則のほかにも、オズボーンのチェックリストを活用することができます。このチェックリストは、ブレーンストーミングの考案者であるオズボーンによる発想法であり、アイデアが浮かばない際に発想する切り口をまとめたものです。さまざまな視点で業務改善のア

表 8-2　オズボーンのチェックリスト

転　用	ほかに使い道はないか？
応　用	ほかのアイデアを借りられないか？
変　更	変えられる部分はないか？
拡　大	大きくしてみたらどうか？
縮　小	小さくしてみたらどうか？
代　用	ほかのもので代用できないか
置　換	入れ替えてみたらどうか？
逆　転	逆にしてみたらどうか？
結　合	組み合わせてみたらどうか？

出所　オズボーン（2008）および日本能率協会
　　（2011a）

イデアを増やしていきましょう。

3　日常に業務改善を落とし込む

(1)　業務を見える化する

　業務改善を進めるには日々の業務を**見える化***することが重要です。見える化は、カイゼンと同様にトヨタ自動車において使われていた用語です。業務が見える化されているという状態は、作業手順や業務プロセスが明確に把握できるようにマニュアルなどにまとめられている状態を指します。ほかの人が真似できない職人的なやり方で業務が進められている、業務の中身が外から見えない、その人がいないと業務が回らないという状態は組織にとって望ましいことではありません。

　業務を見える化する1つの方法は、個々の業務を主担当と副担当の2人体制にすることです。複数の担当者で業務を行おうとすると自ずとマニュアル化が必要となります。一旦マニュアルが作成されれば、業務を担当していく中で加筆や訂正、メモの付記などがなされはじめます。勤務年数の短い大学職員にとっては、マニュアルに書かれている内容を変えるのは不安に感じるかもしれません。そのため、「自由に書き込んでください」というメッセージをつけて、マニュアルの頻繁な更新を成功

させている大学もあります。

　部署の業務を一覧表にできるだけ書き出すことも効果的です。いつ、誰が、何をするのかといった、業務の内容、開始時期、期日、そして実際に行われた日を記録します。その一覧表を朝礼や、部署のミーティングにおいて全員で確認することで、誰が何をしているのかが一目瞭然になります。

　また、メールで送付する文章を課内のメーリングリストなどで共有することも業務を見える化する方法です。メールの内容を伝えることで業務の進行を共有することができるだけでなく、内容に間違いがあったときにもフォローしてもらうことができるでしょう。

　業務の見える化の副産物として、仕事の偏りが見える化することもあります。誰かに仕事が偏っていることが見える化できれば、役割分担を再検討して、互いに声をかけて助け合う風土をつくる下地ができます。

(2)　同じ問い合わせに敏感になる

　窓口対応において、同じような質問に何度も口頭で回答するのは効率がよくありません。同じような質問が何件も出るということは、情報の提供方法に何らかの問題がある可能性があります。同様に、何人もが同じような間違いをしてしまう様式にも問題がありそうです。そのまま放置すれば回答や対応の業務に多くの時間を割くことになるでしょう。

　このとき、もっともよくないのは、情報提供の方法や様式に問題があると考えるのではなく、何度も質問してくる学生などに腹を立てるという思考です。うまくいかないのは相手のせいではなく、あくまで業務のあり方にあるという視点をもちましょう。

　同じような問い合わせやミスが繰り返しあれば、何が問題なのか原因を究明するというルールを部署の中で作成するとよいでしょう。要項やウェブページに記載がない、記載はあるがわかりづらい、様式の例示がわかりづらい、提示した資料の情報量が多すぎて要点がつかめないといった原因に気づかされるはずです。早期に改善すれば対応業務を軽減

できます。

　繰り返し問い合わせのある質問の回答をカウンター上に立て札にして設置しておくのもよいでしょう。冷たい対応のように見えるかもしれませんが、そのつど職員を呼び出すのは、学生にとっては勇気を要する行為です。立て札で正確な情報を見ることができる状況をつくることは、学生にとってもありがたいことなのです。

(3)　ボトルネックを解消する

　業務全体の中で成果に左右する最大の課題を発見し対応することができると、業務は大きく改善することができます。成果に左右する最大の課題は経営学で**ボトルネック***と呼ばれます（ゴールドラット 2001）。ボトルネックがあると、ほかの作業がスムーズに進んでいても業務の完了までに時間を要してしまい、業務の生産性を高めることが難しくなります。

　たとえば、大学のウェブサイトの更新作業を行う場合を考えてみましょう。大学全体で毎月 120 ページ分の更新する原稿が作られているとします。しかし、その内容を整えてウェブサイトにアップロードする担当者が毎月 100 ページ分までしか対応できなければ、大学全体としては毎月最大で 100 ページ分しか更新することはできません。そして、担当者に送付された 20 ページ分は翌月に先送りされ、次第に更新作業に大きな遅れがでるでしょう。この場合は、更新作業がボトルネックとなっています。特定の作業手順に必要な人や時間が不足している場合にボトルネックは生じます。この例であれば、更新作業を担当できる人を増やすことができれば、ボトルネックは解消することができます。

(4)　内部のおもてなしに注意する

　業務改善の事例として、「職場内おもてなしの廃止」を行っている組織があります。職場内おもてなしとは、同僚向けに必要以上に労力を割くことをいいます。たとえば、会議の参加者に直接関係のない人まで入

れたり、必要以上に職場用の資料を作成したり、失礼のないように丁寧すぎるメールを発信したりすることなどです。そのような行為を廃止することで、本来の組織の目的に注力することができます。職場内における過度な気遣いは弱みになりうることを理解しておく必要があるといえるでしょう。

　特に、職員はしばしば過度に「教員おもてなし」をしてしまう傾向があります。教員は職場の同僚であることを意識し、学生に対してよりよいサービスの提供ができるように努めるべきです。また、上司や他部署の職員に対しての過度な気遣いも必要ないでしょう。

　学内の教職員へのおもてなしを一切なくしましょうということではありません。一緒に働く教職員を大切にすることは当然ですが、過度なおもてなしによって、本来の業務が達成できないという本末転倒にならないようにしましょう。

コラム　脱おもてなしキャンペーン

　これまでやってきた「おもてなし」を簡略化しようとする時には、「サボろうとしている」「手を抜こうとしている」と思われてしまわないかという不安がつきものです。他者の目を気にして、ついつい過剰なおもてなしの状態を維持してしまうのが人間の性です。

　そこで、たとえば「脱おもてなしキャンペーン」と銘打って、まずは部署の同僚や同期の仲間と期限を区切ってやってみる、ということをおすすめします。もちろん、上司にはその旨を伝えておきましょう。目的を明確にし、期限を区切って、周囲に宣言した形で一度やってみるのです。そのように形式を整えると心的負荷をあまり感じず、かつ比較的大胆に簡略化の提案ができます。キャンペーンの効果が見えれば、「脱おもてなし」を部署の業務の日常の中に定着させることができます。次第に職場全体に広がっていくこともあるでしょう。

　ただし、これまでの慣行やしきたりを変える際、現状を否定・批判したように受け止められ、反発を受けたり、孤立したりするリスクが常にあります。ある日突然に変更を主張したり、ましてや断行するのではなく、上記キャンペーンを活用したり、そうでなくとも事前に同僚や上司と話をし、「脱おもてなし」の価値観を共有しておくことが大切です。

第9章 コミュニケーションの方法

1 コミュニケーションは重要だ

(1) コミュニケーションは業務の基本

業務を進めるうえで、コミュニケーションは基本です。採用活動を行う企業のほとんどが採用する人材に求める能力としてコミュニケーション能力をあげています。

相手の意見を聞く、相手にわかりやすく説明する、相手に頼みごとをするなど、大学職員の業務においてコミュニケーションの場面は多々あります。

大学職員のコミュニケーションの相手は多様です。職場では上司や同僚が一番身近なコミュニケーションの相手でしょう。大学の構成員である教員と学生も、当然その相手となります。ほかにも学生の親や卒業生、そして今後学生となりうる高校生などもそうでしょう。また、近年では、文部科学省だけではなく、地方公共団体や地域住民、そして**産学連携***の相手方となる企業など、大学とつながる人は広がっています。さらに今後はグローバル化の進展により、海外の大学とのやりとりも増えていくことが予想されます。立場や経験、文化の違う相手との適切なコミュニケーションが大学職員には求められているのです。

(2) コミュニケーションが難しい場面がある

多くの大学職員はコミュニケーションが難しい場面に遭遇します。た

とえば、教務系の職員は、学生の履修に関する相談、就職に関する相談や人間関係のトラブルに関する相談などの深刻な相談を受けることがあるでしょう。そのような場面ではより慎重なコミュニケーションが必要になります。

　また、教職員の中には強引に主張を通そうとする者がいることがあります。あの人は頑固だから逆らわないでおこうという選択肢もあるでしょう。しかし、そうした判断は大学の正常な運営に支障をきたすリスクがあることを認識しなければいけません。こういった相手には、意見を聞きつつも、自分の意見も適切に伝えて納得してもらうというコミュニケーションが求められるのです。

(3)　コミュニケーション能力は高められる

　コミュニケーション能力は先天的なもので、努力や工夫では高められないと考えられてはいないでしょうか。社交的で友だちがたくさんいたり、大勢の中で盛り上がるのが好きであったりすることは、業務の中で大学職員に求められるコミュニケーション能力とは異なります。業務においては仕事の成果を高めていくためのコミュニケーションが求められるのです。

　仕事の成果を高めるコミュニケーションは、本人の努力次第でその能力を高めていくことができます。いくつかの具体的な方法を取り入れることで、相手の話を適切に聞いたり、難解な内容をわかりやすく話したりすることができるようになるでしょう。

2　聞く力を高める

(1)　ラポールを形成する

　コミュニケーションにおいて重要なのは、互いの信頼関係です。たとえば、相手が話しかけようとしている時にあなたが忙しそうな態度を示

したら、「この人は私には関心がないんだな」という印象を与えるかもしれません。「この人なら安心して話せる」と相手に思わせないと、コミュニケーションは深まりません。

　安心して話し合える心理的状況を、**ラポール**＊といいます。フランス語で関係を意味する言葉です。ラポールは同年代の友人のように相手と話すということではありません。安心して話し合える関係になるには、相互に尊重した態度や言葉遣いが求められます。自分から挨拶をしたり、感謝の言葉を述べたりなど、自分から積極的に安心して話し合える関係を築いていく姿勢がラポールを生み出すのです。

　相手の安心感を高めるために**ペーシング**＊と**ミラーリング**＊という技法を用いることがあります。ペーシングは、相手の話し方に自分の話し方を合わせることです。話す言葉、速度、リズム、抑揚、声の大きさなどを相手に合わせると、安心感や親しみやすさが生まれると言われます。

　ミラーリングは言葉ではなく動作を相手に合わせていく技法です。ミラーリングのミラーは鏡です。つまり、鏡に映っているように、相手の動作に自分も合わせることです。たとえば、立っている学生と話すときは、自分も椅子から立ち上がって目の高さを合わせるといったものです。

(2)　相手の話をしっかり聞く

　相手の話に耳を傾けるというのはコミュニケーションの基本です。自分の話をきちんと聞いてくれていると思えると、相手に受け入れられていると感じ、正直に話そうと考えるものです。相手の話に耳を傾けることを、**傾聴**＊といいます。

　傾聴というのは、受け身でいればよいというものではありません。積極的に聞こうとする姿勢が大切です。もし、学生が話している間に、目も合わせずうなずくこともせずにいれば、「話をしっかり聞いてもらえなかった」と感じることでしょう。「このような大学職員には何も話したくない」と思うかもしれません。普段から話しかけやすいように穏やかな表情や言動を示す、ゆっくり話せるように静かな場所を用意するな

ど、相手が話しやすい環境を整えることも重要です。

　また、相手の話の内容に対して、「そんなことがあったのですね」「それは大変でしたね」など、発言に合わせた相槌を打つことも必要でしょう。相手が話したことを受けて、自分がどのように感じたかを示す表情も大きな意味をもちます。話をしっかりと聞いているという姿勢を相手にはっきりと伝えましょう。傾聴の技法には、次のようなものがあります。

- ・相手の話に関心があるという姿勢を見せる
- ・うなずく
- ・相槌を打つ
- ・話のキーワードを繰り返す
- ・要約し確認する
- ・相手に共感していることを示す
- ・最後まで話を聞く
- ・まずは話を聞いて、すぐに評価しない
- ・「でも」「しかし」のような否定的な接続詞を使わない
- ・多少の沈黙にも我慢をする

(3)　非言語コミュニケーションに注意する

　「目は口ほどにものを言う」という言葉があります。言葉にしなくても視線やまばたきで感情が相手に伝わるということです。また、本心ではないことを言葉にしたときには、表情や態度で本心が伝わってしまうこともあります。人のコミュニケーションは言葉だけで成り立っているものではありません。

　アイコンタクト*などの**非言語コミュニケーション***も重要です。アイコンタクトがないと、相手は自分に話しかけられているとは思わないからです。相手の目を見て話しましょう。

コミュニケーションにおいては、言葉の内容とこのような非言語コミュニケーションの内容が一致しているかどうかを確認することにも注意しましょう。たとえば、学生に伝えた内容について理解できたかどうかを尋ね、学生が「わかりました」と答えたとしても、必ずしも相手が理解しているとは判断できません。声が小さく自信のない表情であれば、十分に理解できているかどうかを確認したくなるでしょう。目を合わせずに不満げな表情でいるのであれば、伝えた内容や伝え方によくなかった点があった可能性もあります。言葉だけで判断するのではなく、非言語の情報を読み取るよう心がけましょう。

(4) 適切に質問をする

相手の話を聞くためには適切に質問することが重要です。まず理解しておきたいのは、単に情報収集のためだけに質問するのではないということです。たとえば「その後はどうなったのですか」という質問をすることで、相手の話に自分が関心をもっていることを示すことができます。また、「なぜ、あなたは教員になりたいのですか」という問いかけは、相手に自身の考えをまとめさせるきっかけとなるでしょう。このように質問には、相手に対する関心を示したり、相手の考えを深めたりする機能があるのです。

質問にはいくつかの種類があります。質問の目的を意識して質問の種類を使い分けるようにしましょう。

クローズドクエスチョンとオープンクエスチョン

「教員免許状を取得したいですか」のように、相手がすぐに「はい」もしくは「いいえ」で答えられるものが**クローズドクエスチョン***です。事実を明確にさせるときに有効な質問です。

「なぜ教員免許状を取得したいのですか」のように、自由に答えられる問いが**オープンクエスチョン***です。回答を得るまでに時間がかかりますが、質問された側は、答えを考えるプロセスの中で、さまざまな気

づきを得ることができます。

過去質問と未来質問

「教育実習ではどんなことに苦労しましたか」のように、過去のこと
を聞くのが過去質問です。一方、「教育実習を経験して、今後どのよう
なことを学ぶ必要を感じていますか」のように、未来のことを聞くのが
未来質問です。経験したことをもとに未来についての思考を導く場合に
は、過去質問から始まり未来質問で終わるという流れを頭の中に入れて
おくとよいでしょう。

否定質問と肯定質問

「どうしてやらなかったのですか」のように、問いの中に否定形の言
葉を含んでいるものが否定質問です。「今からできることは何でしょう
か」のように、肯定的な言葉を使うのが肯定質問です。

否定質問を連続するのは避けましょう。なぜなら、状況次第によって
は詰問と受けとられてしまうからです。同じ内容に関する質問でも肯定
的な表現に変換できる場合があります。前向きな気持ちになりやすい肯
定質問をうまく活用するとよいでしょう。

3　伝わるように話す

(1)　伝えると伝わるは違う

「伝える」と「伝わる」は異なります。「伝える」は送り手側の行為に
対して使う言葉ですが、「伝わる」という言葉には受け手側の行為が含
まれるのです。伝えたけれど伝わらなかったということはよくあること
です。

具体例として、システム担当者が以下のように説明している事例で考
えてみましょう。

「ネットワークカメラなどの IoT デバイスが感染し、外部の機関などに対して行われる DDoS 攻撃に加担してしまう危険性があるマルウェア Mirai が発生しております。つきましては、ネットワークカメラを運用している場合は、パスワードの初期値からの変更や、ファームウェアのアップデートなどの再確認をお願いいたします」

　システムに詳しくない担当者がこのような説明を聞いたらどうなるでしょうか。「よくない状態だと思うが何をしていいのかわからない」という不安な状態になるだけではなく、もう少しわかりやすく通知すべきではないかとシステム担当者に対して不信感をもつかもしれません。このように受け手側のもっている知識を考えずに情報発信しても、送り手が期待した効果につながらないことになります。

(2)　わかりやすく構成する

　自分が思いついたままに話しても、相手には効果的に伝わりません。相手が理解しやすいように、話全体の構成を明確にしましょう。短い時間で理解するためには、結論を先に話して次にその理由を話すという順番がよいでしょう。先に結論を伝えることで、相手に安心して誤解なく話を聞いてもらうことができます。
　結論を先に話すモデルに、**PREP 法*** という方法があります（表 9-1）。PREP 法は、まず結論（Point）を伝え、その理由（Reason）を説明し、事例（Example）で理由を補強し、最後に結論（Point）を再提示する話

表 9-1　PREP 法の例

結論：来年度から会議資料を電子化しましょう。
理由：ほかの学部では会議資料の電子化が進んでいます。また、会議資料の印刷費用の削減もできます。
事例：昨年導入した理学部の場合、特に問題も生じず、また、印刷費用も 10 万円削減できたようです。
結論：ぜひ来年度から会議資料を電子化しましょう。

し方です。

(3)　誤解のないように話す

　「この資料をコピーしてください」と後輩に言っても、今すぐやるのか、今日中にやればよいのかわかりません。今すぐやるべきであれば、「10 分後の会議に必要なので、この資料を今すぐコピーしてください」と伝えるべきでしょう。

　人は話をするときに、あいまいな表現をしてしまうことがあります。意味を明確にして話さないと、誤解が生まれる原因となります。誤解を生まないように、明確に伝える努力をするようにしましょう。

　また、どうしても伝えたい重要な内容は何度も繰り返して説明しましょう。何度も繰り返すと相手の記憶に残りやすく、相手も重要な内容であることを認識するようになります。「この内容は重要なので、もう一度説明させてください」や「この締切は必ず守らないといけないので、予定表に記入してください」といった伝え方をしてもよいでしょう。

(4)　話し方を工夫する

　どんなに説明する内容が練られていても相手に届かなければ意味がありません。相手に向かって口を大きく開け閉めして明瞭に話しましょう。特に話の語尾をはっきりとさせたり、難解な用語であればゆっくり話したりすることで、相手の聞き違いを防ぐことができます。

　早口にならないようにすることも重要です。自分にとっては慣れている言葉であっても、相手にとっては新しい言葉かもしれません。一般的に聞きやすい速度は 1 分間で 300 文字といわれています。アナウンサーがニュースを読むときの速度です。特に重要な内容を話すときは少し間を置いたり、速度を少し落としたりしてみましょう。

　地方出身の職員は方言や地域に特有な言葉にも注意しましょう。さまざまな背景をもった学生、教員、職員などがいるということを認識して、誰にでも理解しやすい言葉を選んで話しましょう。

4　上手に自分の意見を伝える

(1)　相手の意見を受け入れられない場合がある

　相手の立場を理解したうえでコミュニケーションをとることは重要ですが、一方的に相手の意見を受け入れればよいということではありません。たとえば、教員、学生、学外者とのコミュニケーションの中では、規則や予算の制限などで対応できないことなどがあるでしょう。時には悪質なクレームに対応しなければならないこともあるでしょう。

　大学職員の業務には、相手の要望を断らなければならない場面や逆にほかの教職員に頼みごとをしなければならない場面があります。そのような場面では、相手に負担をかけてしまうという心苦しさを感じるかもしれませんが、大学職員の立場で伝えなければならないことは適切な方法で伝えるという姿勢が重要です。

　相手の意見を理解することと自分が意見することは矛盾することではありません。むしろ、相手の意見を聞き共感を示すことによって、あなたが効果的に意見することができるようになるのです。

(2)　互いの主張を大事にする

　上手に自分の意見を伝える方法を考えるには、下記のコミュニケーションの3種類の形を理解しておくとよいでしょう。そして、互いの主張を大事にしたコミュニケーションとは、どのように進めることができるのかを考えてみましょう。

- ・自分の主張を優先したコミュニケーション
- ・相手の主張を優先したコミュニケーション
- ・互いの主張を大事にしたコミュニケーション

具体例として、規程上できないことに対して「他大学ではできるのに、なぜうちの大学ではできないんだ。学生のためにもできるようにしたいんだ」と主張する教員への対応方法で考えてみましょう。

自分の主張を優先したコミュニケーション

　職員が自分の主張を優先したコミュニケーションをとると、次のような会話になるでしょう。

　　職員「先生、規程にできないと書いてあるのでうちの大学ではできませんよ」
　　教員「他大学ではできるなら規程を変えればできるのではないかな」
　　職員「規程を変えるのは学内の会議にかけないといけないので無理ですよ」

　このように対応された教員は、「規程を変えるつもりはありません。あきらめてください」という否定的なメッセージのみを職員が送っているととらえるでしょう。自分の気持ちが考慮されていないので、この教員は不快な思いをするかもしれません。また、その職員に対して、「この人に何を言っても無駄だ」という諦めや、「この人は使えないやつだな」という憤りを感じるかもしれません。

相手の主張を優先したコミュニケーション

　職員が教員の主張を優先したコミュニケーションをとると、次のような会話になるでしょう。

　　職員「先生、規程の関係で難しいのですが」（ビクビクしながら）
　　教員「難しいということはできなくはないのですね」
　　職員「あっ、はい……」

教員「じゃあ、よろしく頼むよ」

職員「え～っと。今回だけ特別にという感じで」（「課長に叱られる
　　かな」と内心思いながら）

　このように対応された教員は、職員に対して多少の感謝の気持ちを
つかもしれません。同時に、その職員に対して「交渉すればなんとかな
るじゃないか」という気持ちがより強まるかもしれません。一方、職員
自身は、規程を破ってしまったという罪悪感や教員に対する憤りが強ま
るかもしれません。

互いの主張を大事にしたコミュニケーション

　職員が互いの主張を大事にしたコミュニケーションをとると、次のよ
うな会話になるでしょう。

職員「先生の言うことが大学としてできれば、学生への教育という
　　観点でもよいですね。他大学でできるなら検討する価値はあり
　　ますね。情報をありがとうございます。ただ、現状では、この
　　ように本学の規程にはできないと書いてあります」

教員「確かに書いてあるなぁ。でも変えることはできるよね」

職員「学内で合意がとれればできます。ただ、規程を変えるために
　　は手続きを経る必要があり今すぐ変えることはできません。申
　　し訳ございませんが、現状ではできないことを理解していただ
　　けないでしょうか。規程を変えるかどうか検討したいので、ど
　　の大学がそのようにしているのか教えてもらえませんか」

教員「〇〇大学です。今回は了解しました。今後に向けて検討して
　　ください」

　このような対応が、互いの主張を大事にしたコミュニケーションです。
まず、検討する価値があると相手の意見に同調し、さらに教員から受け

　教員と職員との関係はよく「芝居」にたとえられます。教員は、役者としてステージの上で活躍し、お客さんを満足させることがその役割です。役者がいない芝居なんてあり得ませんが、役者だけでは芝居は成立しません。芝居をするためには演出、舞台監督、舞台美術や小道具、照明、音響、衣装、制作などのスタッフも必要となります。大きな芝居ではさらに、会場での接客、誘導やチケットもぎりなどを専任で行うスタッフがいます。

　演出、舞台監督、舞台美術などは高度な知識と技術をもったプロフェッショナルであり、作品によっては役者以上に大きな役割を果たすことがあります。照明、音響などは小さな劇団では役者が兼ねることもありますが、大きな劇団ではやはり高度な知識と技術をもったプロフェッショナルが担っています。一方で、チケットもぎりや会場案内はさほど高度な技術は求められませんが、熟達したスタッフがいることで観客はスムーズに会場に入場することができます。

　さて、私たち職員は、教員からどの役割として見られているのでしょうか。以前は、チケットもぎりや会場案内の役割、つまり大学教員にとって、自身で行うことができないわけではないけれども面倒なことをやってくれるサポーターのような役割と見られていたのではないでしょうか。職員は定型的な事務処理や、教員と学生のサポートさえしていればよいというのが、教員だけではなく多くの職員にも一般的な考えだったかもしれません。

　しかし近年、大学を取り巻く諸課題の高度化・複雑化を解決するために「教職協働」が求められています。私たち職員の役割も、役者にはできないプロの仕事を担う、対等な立場（パートナー）で舞台監督のような役割を行うことが求められつつあるのです。まだまだ職員をサポーターだと考えている教員が多いのが現状だと思いますが、私たちはパートナーだと考えさせるようなプロの仕事をしていかなければなりません。

取った情報に対してその価値を認めています。その結果、相手の心情をうまく理解し、気持ちを静めています。その後、「現状ではできない」と客観的に状況を説明しつつ、かつ、自分の気持ちを正直に話しています。そして、規程を変えてほしいという相手の提案に対して、その事態を解決する意思、協議する意思を示しています。このようなやりとりであれば、教員との信頼関係も損なわれることはなく、上手に意見を伝えることができるでしょう。

このような互いの主張を大事にしたコミュニケーションは、**アサーション***と呼びます（平木 2012）。相手を不快な気持ちにさせずにスムーズに自分の意見を伝え、相手の意見も聞くというものです。自分の気持ちや考えを率直にその場にふさわしい方法で表現したり、お互いの意見が食い違ってもそれを認めながらお互いに納得できる方法を探したりするアサーションが業務を進めるうえで大切です。

(3)　クッション言葉を活用する

　効果的に自分の意見を伝えるには、**クッション言葉***を活用することも有効です。クッション言葉とは、文字通りクッションになることで強くなりがちな言葉の衝撃をやわらげてくれる働きをもつ言葉です。クッション言葉を使うことで相手への配慮や思いやりを示すことができ、言いにくいことも言いやすくなります。「差し支えなければ」「申し訳ございませんが」などがその例です。

　就職の不採用通知にも多くのクッション言葉が含まれます。「あなたを採用しません」という内容は直接的に伝えにくいものです。「慎重に選考を重ねました結果、まことに残念ながら今回については採用を見送らせていただくことになりました」「今回は予想を上回る多数のご応募をいただき、本学といたしましても大変苦慮したうえでの決定であることを申し添えます」などの、相手に対する衝撃をやわらげる言葉が多数含まれています。

　クッション言葉は、相手の気持ちをやわらげると同時に自分自身の気持ちの負担も軽減できます。「お手数をおかけしますが」「ご都合がよろしければ」「突然のお願いで恐縮ですが」「お忙しい中を申し訳ありませんが」「大変心苦しいのですが」「これは私の個人の考えですが」などがクッション言葉になります。クッション言葉を活用することで、効果的に自分の意見を伝えやすくなるでしょう。

第10章 立場を超えた協働

1 大学職員を取り巻く協働を理解する

(1) 大学における協働とは

　大学の業務では、他者と協働する場面が多くあります。協働には、資料の誤字脱字などをほかの人に確認してもらったり、大量の宛名ラベル貼りや資料の封入といった人手が必要な業務を部署全員で行ったりするといったものがあります。このような作業は、1つの部署内で日常的に行われている協働といえます。業務を迅速かつ正確に行い、特定の個人への負担の集中を避けることにつながります。

　業務の内容によっては、部署の壁を超えて協働することもあります。たとえば、**インスティチューショナル・リサーチ***（以下、IR）においては、複数部署の職員がかかわっています。**教学***に関する IR であれば、学生の入学前から卒業後までのデータを総合的に分析しなければなりません。複雑な統計解析を行う場合は、職員だけでなく統計が得意な教員がかかわることもあるでしょう。また、データの収集や分析結果の考察にあたっては、入試や教務、就職関連の職員による協働が望まれます。IR の範囲は経営や研究にも及ぶことがありますが、その場合は協働の相手が財務や研究支援関連の部署などに拡大します。

　教職員に限らず、学生や企業、地方公共団体、地域なども協働の相手になりえます。IR に限らず、大学の業務において、協働の目的や相手は多様化しつつあります。大学職員であれば誰もが協働して業務を行う

機会があるといえます。

(2) 協働の必要性を理解する

大学の業務は複雑化かつ高度化しており、大学職員が個々に割りあてられた職務だけでは対応しきれない場面が増えています。また、先に述べた IR のような業務は、職務分掌上どの部署にもあてはまらない場合もあります。このような場合には、部や課を横断した協働体制を構築して対応することが求められます。

協働のメリットには次のようなものがあります。まず、限られた資源を効率的に活用できます。必要な業務に資源を集中できるようになります。また、協働相手の専門的な知識、技能、権限、ネットワークなどを活用することもできます。それぞれがもつ強みを活かすことで、斬新な発想や多面的な視点も得られます。

しかしながら、すべての業務において協働が望ましいというわけではありません。立場の異なる者同士が共通の目標のために連携し、別々に活動する以上の成果を生み出すことができれば、協働の効果が発揮されやすくなります。組織を維持し成長させる際、通常の組織体制ではうまくいかない場合に協働が必要となるのです。

(3) 協働には難しい側面がある

協働の必要性が職場で認識されていたとしても、協働するための体制が自然に発生するわけではありません。経営学者のバーナードによれば、協働は組織において共通目標があり、その達成に向けた調整が行われることによって初めて実現するのです（吉田 2001）。

協働に必要な調整の１つには、適切な協働の相手を選ぶことがあげられます。相手がどのような専門性や得意分野を有しているか、どの程度協働に注力できるか、ほかの協働相手との人間関係に問題はないか、といったことを少なくとも考慮しなければなりません。

また、協働にはさまざまな不確実性が伴います。誰も経験したことの

ない取り組みや、個人では解決できない問題と向き合うためです。業務に要する時間やコストなどを見積もることが難しい場合もあります。

さらに、もともと部署や立場が異なるメンバーの集合体であるため、文化やルールの違い、経験や知識の差など、意思疎通を阻害しうる要因も多く考えられます。同じ部署のメンバーであれば了解が得られていたことであっても、丁寧に説明をしなければ協働がうまくいかないかもしれません。

協働を調整するのは、リーダーだけの役割とは限りません。メンバー相互の協力のもとで、協働の不確実性やメンバー間に生じる違いや差に向き合っていく必要があるといえます。

2　さまざまな相手と協働する

(1)　大学職員同士で協働する

大学職員同士での協働の機会は、部署や役職にかかわらず発生します。職場でもっとも協働の機会が多い相手は、同じ職員同士です。しかしながら、職員同士の協働が進まないことが課題となることも少なくありません。

その理由の1つに、担当すべき業務が職務分掌で明文化されていることがあります。職務分掌にない業務は敬遠されてしまうかもしれません。特に、課長の立場であれば最小限の人員で業務を管理しなければならないため、職務分掌にない業務の担当に抵抗をもつことも容易に想像できます。しかし、そのような環境の中であっても、工夫次第では協働をうまく進めることができます。

たとえば、協働を依頼する相手と、顔の見える関係をつくることです。業務の連絡をメールや電話だけで行うのではなく、直接会って話をすると対応が変わることもあります。その際、相手の立場や状況に配慮して連絡や依頼ができるかどうかも重要です。学生対応の部署へ連絡をとり

たい場合、多くの学生が窓口に来る昼休みの時間帯を避けることは、相手のスムーズな業務遂行を助けることになります。

　同じ職員同士であれば、教員や学外者などほかの協働相手と比べて、お互いの仕事の状況をある程度想定できます。それだけに、職員同士の協働においては、相手への一層の配慮ある対応が求められるのです。

(2)　大学教員と協働する

　大学においては、**教職協働**＊という用語がよく使われるようになりました。2017 年の**大学設置基準**＊の改正により、教職協働で教育研究をはじめとする諸活動の組織的かつ効果的な運営を図ることを求める条文が追加されました。協働による高い効果が期待できることの表れといえます。教員はさまざまな点で職員と異なる特徴をもつ職種であり、それらの特徴を理解しておくことは協働を戦略的に進める手がかりとなります。

　まず、協働しようとする教員がどのような専門性をもち、何に関心をもっているのかを調べましょう。多くの教員は経歴や業績を公開しているので、比較的容易に調べることができます。ICT に関する業務であれば情報学や工学を専門とする教員、アンケートの作成であれば心理学や社会学を専門とする教員といったように、業務と専門分野が関連している場合も多いでしょう。

　また、ほとんどの教員は授業やゼミといったような教育活動にかかわっています。したがって、学生に対する教育や各種支援に直結することには、問題意識や関心をもっています。そのような問題意識や関心と、協働を依頼する業務の内容が関連すれば、協力が得られやすくなります。

　実際に協働する機会を得た場合には、何をどこまで職員ができるのかを伝えておくようにしましょう。教員は職員にどこまで頼ってよいのかわからないこともあるためです。また、教員から通常の業務の範囲にはないことを依頼される場合もあるかもしれません。無理なことまで受け入れる必要はありませんが、他部署の担当者の紹介など、断る前にでき

ることはないかを考えてみるとよいでしょう。

　職員が日常的に活用している法令や学内規則といった情報や、意思決定の前例や学生に関するデータなどは、教員にとっては新鮮なものかもしれません。職員としての強みは何か、教員が難しいと思っていることは何かといったことを考えると、職員が教員と互いに頼り合える関係が構築できます。

(3)　学生と協働する

　職員と学生が協働する事例も大学にはあります。**オープンキャンパス***は、その代表例としてイメージしやすいでしょう。学内を案内したり、自大学の様子を知ってもらうためのイベントを企画したりといった形で、学生はオープンキャンパスにかかわることができます。

　可能であれば、部分的にでも学生に業務を積極的に任せてみるとよいでしょう。学生の自主性を尊重し、学生の企画を後押しできないか考えてみましょう。消耗品の提供、議論する場所の準備、学生からの相談対応などを行うだけでも、学生は高い意欲で業務に取り組むかもしれません。時に、学生は失敗してしまうかもしれませんが、その場合も最終的な責任は職員がとれるように任せる業務の範囲や権限を明確にし、両者で共有しておくことです。

　学生が成功した場合でも失敗した場合でも、職員は学生自身の行動を振り返るきっかけを与えるようにしましょう。まずは、なぜそのような事態が起こったのか、その経験から何を学んだのかを問いかけてみるとよいでしょう。他者の振り返りを支援することを**内省支援***といいますが、このような機会があるほど、成長感が高くなる傾向があります（中原・金井 2009）。職員が学生の内省支援を行うことにより、学生の成長機会を提供することになります。

(4)　学外の関係者と協働する

　近年、大学では地方公共団体との連携協定の締結や、産学官連携によ

　る教育や研究などの取り組みがさかんに行われています。それに伴い、大学職員は企業、地方公共団体、地域社会と協働する機会も増えてきました。

　学外の関係者との協働において重要なことは、学外のニーズに注意を払うことです。メディアを通じて社会全体の動きに関心をもち、大学がどのように貢献できるかを考えてみましょう。

　協働を始めるにあたって、まず、お互いの立場や背景、制約や思いなどを分かち合い、相互にとってよい関係を模索できないかを考えることが必要です。それにあたっては**ステークホルダー***を明確にすることが重要です。ステークホルダーとは、協働して行う事業において、よい影響も悪い影響も含め、それを受けたり与えたりする個人や組織のことを指します（伊藤 2003）。

　特に、協働の過程で不利益を被る可能性が想定される相手には、協働の初期から綿密なかかわり合いをもつべきです。相手が地域住民であれば、行事や住民の集会などに出向くことも有効です。協働にかかわる計画や進捗状況を報告して、相手の要望の聞き取りなどを重ねることにより、協働がうまくいく可能性を高めることができます。

3 協働を成功に導く

(1) 集団をチームに変える

協働するためのメンバーを集めることができたら、次はその集団をチームにすることを目指します。メンバー全員が特定の目標に向かって最善の選択を取り続けようとする集団こそチームと呼べます。集団とチームの違いは、大きな相乗効果を出せるかどうかという点にあります。

協働を始めてすぐの段階において、集団がチームとなっていることはそれほど多くありません。チームビルディングという用語があるように、集団をチームに変えていくためにさまざまな活動を行っていかなければならない場合のほうが多いでしょう。

チームにおいては、メンバー同士の横のつながりが重要視されます。横のつながりとは、互恵的関係あるいは持ちつ持たれつの関係です。具体的には、困難に直面しているメンバーがいれば全員でフォローしたり、メンバー間で業務に必要な情報や資源を共有したりする行動がとられます。

また、業務の過程において、リーダーやフォロワーといった役割が変わることもあります。その時の状況に応じて、メンバー全体として最善のパフォーマンスを発揮できるようにするにはどうすればよいか考えてみましょう。それにより、相乗効果を生み出すチームとして協働を進めることができるのです。

(2) 目標を共有し続ける

協働を成功させるためには、業務の達成目標を設定することが必要です。理念や方向性といった大枠と、最終的な成果物や達成の基準といったような具体的なイメージを協働するメンバー間で共有しておきます。

これらを明確にせず業務を始めると、途中でやり直しが頻発したり、期待どおりの成果物にならなかったりします。業務の過程において行う

作業が必要かどうかや、工程がどの程度進んでいるのかがわからないと、メンバー間で成果物のイメージがバラバラになってしまうためです。このような状況では、メンバー間の相乗効果も期待できなくなってしまいます。

さらに大切なことは、業務の過程において目標をこまめに確認することです。目の前の業務に集中したり、締切に追われたりすると、当初の目標を忘れてしまいがちになります。すべてのメンバーが同じ空間で業務を行う場合は、壁に目標や進捗状況などを貼り出すなど工夫もできます。

また、途中で目標に対して疑問をもったり変えようとしたりするメンバーが出現するかもしれません。その意見を受け入れるのであれば、少なくとも目標を変更することについて合意をとったり、変更した目標を共有し続けたりすることを忘れないようにしましょう。

(3) 信頼を得られる行動をとる

信頼は、協働を支える土台になるものです。信頼関係が強化されることによって、お互いに頼り合える良好な関係が構築され、協働を促進させることができます。また、信頼関係が構築されていれば、少々の意見の違いや対立などがあっても、建設的に解決しようとすることができま

す。

　では、信頼を得るためにはどのような行動を取ればよいでしょうか。まず、自分の思ったことや感じていることを率直に発言するということです。自分の想いをねじ曲げたり、真意と違うことを表現したりすることによって、周りの人からは、何を考えているのかわからない人と見られてしまうかもしれません。そうなると、信頼を得ることは難しくなります。

　次に、考え方に一貫性をもつように心がけましょう。決定事項を途中で変更したり、言っていることがいつも違っていると、周囲はそのたびに調整を余儀なくされ、混乱したり疲れ果てたりしてしまいます。協働が難しい人とみなされると、やはり信頼されなくなります。

　協働作業におけるルールを守ることも大切です。協働においては、予算や時間などの多くの資源をメンバー間で共有しています。メンバーが予算を無駄遣いしたり時間を守らなかったりした場合には、協働する関係者全体に悪影響が出ることになります。信頼を育むためには、協働のメンバーに対して誠実な行動をとり続けることが重要です。

（4）　相互のコミュニケーションを促す

　協働をするうえでコミュニケーションはなくてはならないものです。お互いに連絡をとることをしなかったために、しなくてもよい失敗を招いたことは多くの人に経験があるでしょう。では、協働を円滑に進めるためには、どのようにコミュニケーションをとればよいでしょうか。

　まず、メンバーへの質問や提言を遠慮しないということです。不明な点や疑問点などがあれば、すぐに尋ねるほうがうまく協働を進めることができます。わからないまま作業を進めても時間の無駄ですし、その影響が他者の業務や成果物に及ぶ可能性があるためです。いずれかのメンバーが納得しないまま協働を進めると、不満や不信感が募り、やはり協働はうまくいきません。

　また、業務に必要な情報の発信と共有を積極的に行うことです。情報

量がメンバー間で大きく違うと、いつの間にか目標に向かうベクトルがずれたり、心理的な軋轢が生じたりします。お互いにもっている専門的な知識や技能を協働にどう活用するか議論したり、よりよい業務の進め方を提案し合ったりするなど、相互作用を生み出すコミュニケーションを意識するとよいでしょう。

コミュニケーションの場は職場内に限りません。休憩時間や食事時間などに仕事以外の話をすることも、協働によい結果を及ぼすことがあります。**ホーソン実験***の結果では、職場の非公式な人間関係から得られる安定感や友好関係が動機づけとなっていることが観察されています（藤井 2011）。

(5) 個々のメンバーの強みを活かす

協働によって大きな成果を生み出すには、個々のメンバーがもつ強みを活かそうとすることが大切です。メンバーの強みを知るためにはまず、本人にそれまでの経験や自身の性格などを尋ねるようにしましょう。それに加えて、そのメンバーを知る同僚や上司から話を聞くこともできます。自分の強みに本人が気づいていないこともありますし、本人が強みだと思っていることに誤りがある場合もあるためです。

メンバーの強みには、個人としてもっている能力以外にも、職種や立場による強みもあります。教員であれば、勤務時間や担当する業務について比較的大きな裁量をもっています。学生であれば学習者の視点で学内の教育・学習環境をとらえることができるうえ、教職員が気づかない学内の問題点や課題に気づいているかもしれません。

メンバーの強みを知ることは、協働を依頼する際にも役立ちます。自身の得意な業務であれば、協働に対して意欲的に取り組み、高い成果につながることが期待できます。自身にとっても強みを伸ばすよい機会になります。

（6） 進捗管理と調整を組み込む

　協働を進めていくにあたり、メンバー間で作業の進み具合に差が生じることがあります。1つの作業が遅れるとその工程が**ボトルネック**＊となり、ほかの作業にも影響が生じて、全体の進捗が遅れてしまうことにつながります。作業が遅れる要因はさまざまです。たとえば、メンバー間で割りあてられている作業量に差があったり、特定のメンバーの作業が難しかったりする状況が考えられます。メンバーの体調や家庭の事情などが要因になることもあります。

　業務に取り組むのが人間である以上、こういった作業の遅れを未然に防止するのは容易ではありません。しかし、定期的にお互いの業務の進み具合を確認することにより、ある程度進捗を調整することができます。ここでいう調整には、作業の分担やスケジュールを見直したり、人員や予算の追加を求めたりすることも含みます。さらに、メンバーの意欲を把握しておくことも協働を成功させるためには大切です。意欲が低いメンバーに対しては、どのようなアプローチができるかを、リーダーとほかのメンバーで議論するとよいでしょう。

（7） 職場の協働性を育む

　大学の業務において、協働が必要となる場面はいつ訪れるかわかりません。日常的に協働するための雰囲気、姿勢や態度を大学職員がそれぞれ身につけておけば、必要なときにすぐに協働体制を組みやすくなります。

　協働するための雰囲気があるかどうかは、担当業務を多く抱えているメンバーへの周囲の対応でもわかります。自分の同僚や部下、上司はもちろん、他部署の業務であっても助ける職員もいるでしょう。

　また、メンバーそれぞれが一個人として尊重されているかどうかも大切です。メンバーから意見やアイデアの提言があった場合には、採用されないとしても、よい点を認めたり提言したこと自体を褒めたりするよ

うにしましょう。1人ひとりを大切にしているという態度を示すだけで
もメンバーは期待されていると感じ、そのチームや業務に対する意欲を
維持できます。逆に、提言が却下されたことに対する理由の説明もない
まま、最終的な決定事項だけを伝えられると、そのメンバーはチームに
対して不信感を抱き、チーム全体での協働が難しくなることもあります。

協働を始めた直後のように、チームを形成する途中段階であれば、こ
のような雰囲気づくりや行動を意識的に行う必要があります。しかし、
最終的にはメンバーの自発性が、協働性を保つ鍵を握ります。協働する
ための雰囲気づくりに向けた行動をルールとして定めていたとしても、
そこに自発性が伴わなければ、そのルールは形骸化するでしょう。目に
見える決まりより、暗黙のルールや価値観の方が実際の行動に強い影響
を与えているためです（山口 2008）。

小さな行動であっても、それが協働を進めるための第一歩になる可能
性は十分あります。もし、協働する雰囲気が十分でないと自分の職場に
感じたときには、個人レベルで何ができるか考えてみるとよいでしょう。

第11章 危機管理の方法

1 危機管理の基本を理解する

(1) 危機にはさまざまな発生要因がある

　事件、事故、自然災害などの突発的な出来事はいつでも起こりうるものです。そのような出来事が起こると、大学は通常の業務を停止して対応しなくてはなりません。大学の運営に対して不安定かつ危険な状況をもたらす、もしくはもたらしかねない突発的な出来事を、ここでは危機と呼びます。危機への対応は、学生や教職員の安心・安全を守り、教育研究機関としての機能を維持するために、大学が組織的に取り組まなければならないことです。

　大学に限らず、危機はどのような場所でも発生しますが、その発生要因はさまざまです。たとえば暴風、大雨、地震など、自然環境が要因になるものがあります。また、事故、犯罪行為、**ハラスメント***といった人的要因で生じる危機もあります。

　自然環境が要因で発生する危機には、防ぐことのできないものが多くあります。したがって、このような危機に対しては、発生後の被害を最小限にとどめ、迅速な復旧を図ることに力点を置いた対応が求められるでしょう。そのために大学は、危機発生時の危機管理として、防災訓練の実施や**事業継続計画***の策定などの取り組みができるでしょう。

　一方で、人的要因で生じる危機は、個人あるいは組織の不注意や倫理観の欠如、疲労や感情による判断力の欠如などによって発生するものも

多くあります。このような危機は、規則やガイドラインの策定や研修により周知・徹底により、未然に防ぐことに注力する必要があるでしょう。

　また、危機管理において認識しておかなければならないのは、こういった危機が別の新たな危機を引き起こす要因にもなるということです。危機は連鎖する特徴があります。たとえば、地震が発生すれば、建物の倒壊や交通機関の乱れなどにつながりますし、そうなれば授業や業務など大学で通常行われる活動にも支障が生じることになります。危機対応においては、危機がどのように連鎖し、どこで断ち切るかを考えることが重要です。

(2)　危機管理の領域は広がっている

　大学を取り巻く環境の変化により、危機管理に関する考え方も変わってきています。大学において危機管理は、もともと危機発生時のことを想定しており、救命や被害の拡大防止のために行われていました。具体的には、危機が発生したときに直ちに連絡をとれる体制や、人命最優先で二次被害や二次災害を防ぐための危機管理マニュアルを整備することなどがあげられます。

　現在では、危機管理の範囲が広がっています。あらかじめ起こりうる危機を想定し対策を講じるなどの危機発生以前の管理も行われるようになりました。それに加え、災害や被害からの速やかな復旧や再発防止策といったような、危機が緊急を要する状況を脱した後の管理も行われています。危機管理マニュアルも、危機が発生する前の管理体制や再発防止に向けた体制に関する内容が含まれるようになったり、過去の事例を分析して学内に存在する危険を想定したりする取り組みもさかんに行われるようになりました。

(3)　危機管理体制を構築する

　大学は、学生や教職員に対する安全配慮義務を負っています。この義務を履行するための体制を、大学は平常時から整えておくことが必要で

す。

　多くの大学では、「危機管理室」「コンプライアンス室」「就業環境推進室」といった名称で危機管理を担当する部署を設置しています。これらの部署が果たす機能には、次のようなものがあります。

　まず、事件・事故などの危機に関する情報を集約する機能です。情報が集約されれば、危機対応の方針を決定し、学内への指示・伝達が円滑に行うことができるようになります。また、平常時には危機を予知したり防止対策を実行したりする機能もあります。そして、このような体制を実際に運用するためには、危機管理マニュアルを策定し、学内教職員へその内容を周知するとともに、全員が閲覧できるようにしておくことも求められます。マニュアルの周知徹底や見直しを各部署に依頼し、とりまとめるのも危機管理を担当する部署が担います。

　危機管理体制を構築するにあたっては、少なくとも全学的な指揮系統を含むものとなっていることが重要です。もちろん、各部署や個人がある程度の裁量をもつことは必ずしも否定されるものではありませんが、裁量の程度をルールとして定め、全学的な理解が得られた状態にしておくようにしましょう。全学的な危機管理体制が十分でない場合は、危機発生時に各部署や個人がそれぞれで判断せざるを得ない状況が生じます。このような状況は、危機への適切な対応ができずに被害を拡大させてしまうリスクが高いものであるため、避けるべきことといえます。

(4)　全構成員が危機管理にかかわる

　危機管理体制を整えマニュアルを策定したとしても、関係部署以外の教職員もその体制やマニュアルの内容を理解していなければ、正しく機能しなくなってしまいます。危機管理体制に対する理解を深める活動として、近年、全学的に避難訓練や防災訓練を行う大学も増えてきました。こうした訓練が行われるようになった背景としては、大学の全教職員の危機管理意識を高める必要に迫られるようになったことがあげられるでしょう。教職員にとっては、決められた危機管理体制やマニュアルの内

容について理解を深め、それらが正しく機能するかどうかについて実体験を通じて確認する機会となります。

　学生の安全を守ることは、大学の危機管理において重要な課題です。そのため、授業が行われている期間に学生も参加対象に含めて避難訓練を行う大学もあります。学生自身もまた、大学の危機管理体制に対する理解を深めておく必要があるからです。訓練を行うことによって、学生は避難経路の確認や安否確認の連絡を体験することができます。

　こうした活動を通じて、危機管理体制やマニュアルを教職員や学生が理解しているか、現状のものにどのような課題があるかを確認することができます。大学の全構成員で危機管理にかかわり、その体制やマニュアルの確認や改善を継続的に行っていくことが重要なのです。

2　大学で起こりうる危機を理解する

(1)　広く報道される事件や事故を理解する

　大学で起こる危機には、大学特有なものがあります。大学に関する報道を見ると、教育研究活動にかかわる事件や事故が多くあることがわかります。もっとも代表的な例としては、入試にかかわるトラブルがあげられます。具体的には、入試の出題や採点にかかわるミスや不正、**個人情報**＊の漏洩といったものがあります。こういったものは毎年のように全国のどこかの大学で起こっています。入試は大学で取り扱われる業務の中でも、社会からの関心が非常に高いものであるからです。

　また、研究活動の不正についてもメディアにとりあげられることがあります。たとえば論文の盗用や**剽窃**＊、実験データの改ざんといったことですが、これらは学術の中心にいる大学に対する信用を失墜させるものとなります。研究費には税金が使われている場合も多いため、研究費の不正使用のような金銭に関する問題が生じれば社会的責任も重いものになります。

　さらに、大学教職員の事件や事故として、ハラスメント、法令違反、不正経理、服務規律違反なども報道されます。これらは、教職員であれば誰もが当事者になりうるものです。

(2)　学生の周囲にはさまざまな危機がある

　学生も入学直後からさまざまな危機に直面します。多くの学生は、新たな友人や所属するコミュニティを探したり、アルバイトをして学費や生活費を得ようとしたりします。特に入学直後であれば、サークルの勧誘と称してカルト団体やマルチ商法の勧誘を受けることがあるかもしれません。給与が適切に支払われず労働環境が劣悪なブラックバイトと呼ばれるアルバイトに巻き込まれる学生もいるかもしれません。こうした状況は、学業に加えて日常生活への悪影響にもつながるため、学生にとって避けなければならない危機といえます。

　正課教育＊においてもさまざまな危機があります。まず考えられるのは授業中に起こる怪我でしょう。体育実技はもちろん、実験や実習において薬品や機械を取り扱う際にも怪我をする学生がいます。

　日本の大学は**ユニバーサル段階**＊を迎えました。多様な学習歴や価値観をもった学生が入学するようになったことに伴い、直面しうる危機もまた多様化しつつあります。これまでにあげたような危機は、学生の不

登校、休学、退学、そして最悪の場合は自殺につながります。正課教育および正課外活動における学生の実態を把握し、それに合わせた対策が大学として必要であるといえるでしょう。

(3) 教育の場における力に注意する

教育の場である大学は、学生に対して非常に大きな力をもつことを自覚する必要があります（中井 2019）。大学教員と学生には、評価をする者と評価される者との間の非対称な関係があります。大学教員は学生の成績を判定し**単位認定***を行います。単位や卒業の認定によって大学は学生に対して大きな力をもつと言えます。

教育活動は個々の学生を尊重し公平かつ公正に行われることが前提でなければなりませんが、大学教員のもつ大きな力が、間違って使用されるとハラスメントにつながることもありえます。大学教員からの暴言や叱責、劣悪な研究環境、単位修得や学位取得の妨害などは、教育研究の場における健全性を脅かすものとなり、重大な事件につながるかもしれません。

ハラスメントは大学職員にとっても無縁ではありません。大学職員もさまざまな形で学生対応を行います。大学職員は学生にとって身近な指導者あるいは社会人でもあり、熱意をもって学生対応にあたることもあるでしょう。しかし、大学職員が教育的意図をもって行う対応が、学生にとってはハラスメントになる場合もあるので注意が必要です。

3 大学における危機に対応する

(1) 起こりうる危機の対策を講じる

危機を防止するためには、それを予測したうえで、防止策や発生時の対応策を考える必要があります。危機はいつどこで起こるかわからないため、予測し対策を講じることは容易ではありませんが、そのためのヒ

ントを得る方法はいくつかあります。

　まず、過去に発生した危機をもとに検討するとよいでしょう。業務において自分自身が経験した危機を、発生した要因、対応方法とその結果、再発防止の対策がとられていたかどうか振り返ることから始めてみましょう。

　また、他大学に関する事件・事故のメディアによる報道も、危機を予測するための貴重な情報源になります。報道の内容から、自大学にも類似の危機が起こりえないかを検討し、防止策を講じることもできます。

　つまり、危機の予測と防止策や対応策を考えるにあたって、学生の行動や、施設設備やルールといった学内の状況を日常的に意識することが重要でしょう。さらに、これまでの自身の経験を振り返ったり、他大学の危機に関する情報を収集したりする役割も大学職員には期待されているといえます。

(2)　危機発生時に適切な対応を行う

　大学職員であれば誰でも危機に直面することがあります。その際に最低限理解し、取り組まなければならないことについて考えてみましょう。

　最初に理解しておかなければならないのは、根拠のない自己判断や単独行動は、全学的な対処ができなかったり、かえって被害を拡大させたりすることにつながりうるということです。多くの大学では何らかの危機管理体制が整えられており、危機発生時の適切な対応については危機管理マニュアルなどに記載されています。危機管理に対する全学のノウハウが集まっているので、それらを活用することにより適切な対応ができるでしょう。危機管理マニュアルがあるのであれば、その内容を理解しておくようにすれば、実際に危機が発生した時にマニュアルに基づく行動を正確にとることができます。

　危機が発生し危機管理窓口へ報告する際には、正確な情報を伝えましょう。情報が正確でなければ、相手は正しい判断をすることができません。少なくとも情報発信者の氏名や連絡先、危機の発生日時や程度と

その要因を伝えるようにしましょう。もし、自分自身が情報提供を受ける側であれば、連絡内容、当事者の所属氏名、受信（連絡）日時、情報の確認先、連絡方法などを尋ね、聞いた内容を正確に記録しましょう。

(3) 危機の原因を明らかにする

危機が収束した後にも行うべきことがあります。まず、危機が発生した要因を探ることです。要因が自然環境であったのか人為的なものであったのか、未然に防ぐことができたのかどうかについては少なくとも分析しておかなければなりません。

組織として整えてきた危機管理体制が実際に機能したのかどうかに関する検証は、危機の対応にあたった教職員が行うことになるでしょう。その際、全学的な危機管理を所管する部署だけでなく、各部局の現場にいる教職員を含めて検討することが重要です。危機管理体制に何らかの不都合が発見された場合は、体制やマニュアルを見直さなければなりません。危機が発生することは望ましくありませんが、危機管理体制をより強固なものに改善できる契機でもあります。次に同様の危機があった時に前回より適切な対応ができるようにすることを目指すようにしましょう。

4 危機管理における基本姿勢を徹底する

(1) 危機管理の意識を高める

目の前の業務に追われている大学職員にしてみれば、危機管理の意識をもつことは後回しになってしまいがちです。また、学内外のさまざまな事件や事故を他人事に考えてしまうかもしれません。しかし、これまで重大な危機にかかわっていなかったとしても、それはたまたま運がよかったと考えるべきでしょう。

大学職員はさまざまな危機に対して適切に対応する立場にありますが、

　危機を発生させたり拡大させたりする当事者にならないようにも心がけ
る必要があります。実際、大学職員自身が事件や事故を起こしてしまう
ことがあります。大学職員が事件や事故を起こせば、多くの場合は氏名
と所属の大学名が公表され、当事者が個人的に責任を負うだけでなく、
大学全体としての対応も必要になります。日頃から危機意識をもってお
きましょう。

(2)　小さな失敗も軽視できない

　ハインリッヒの法則[*]によれば、1 つの重大事故の背後には、29 の
軽微な事故があり、その背景には 300 の異常な出来事が存在するとい
われています。つまり、危機とまではいたらない小さな失敗や、危機に
なる前に気づいたようなヒヤリ・ハットと呼ばれる出来事があり、それ
らに着目することが危機管理において重要です。

ヒヤリ・ハットは日常的に職場で発生しています。たとえば、メールや FAX の誤送信も、多くの場合にはそれほどの被害が生じませんが、個人情報を含むファイルが添付されていれば個人情報の漏洩という事故につながってしまいます。すでに社会的に問題となっていてさまざまな対策が講じられている個人情報の漏洩のような失敗は、責任が問われやすいでしょう。

　小さな失敗の影響が後から生じることもあります。建物や教室などを点検する際に不具合を見逃してしまった場合は、後になって学生や教職員の怪我や教育研究活動の遂行の妨げにつながることがあります。小さな失敗は、危機にいたらない可能性の方が高いかもしれませんが、一方で大きな危機を引き起こす要因ともなりうるのです。小さな失敗であっても軽視してはいけないということを、日常の業務にあたっても認識しておきましょう。

(3)　大学全体の危機を管理する役割がある

　大学職員は、組織の一員として学生や教職員の安全を確保し、安心して学内で過ごすことができるように支援する必要があります。その際に心がけておきたいのは、自身の担当業務以外の危機にも注意を払うという点です。

　大学構内を移動する際に職員はさまざまな建物、道路、看板や装飾などを目にします。それらの劣化や損傷がないかを確認することは誰でもできるはずです。もし、劣化や損傷といった危機の原因となりうる状況を発見した場合、そのまま見過ごさないようにしましょう。

　自身の担当業務以外の危機の因子を発見しても、適切な連絡先がわからない場合もあります。しかし、連絡先がわからないことは危機を放置する理由にはなりません。建物に関することであれば、総務や施設関連の部署やその建物内にある事務室に尋ねてみるところから始めましょう。普段頼りにしている上司や先輩に尋ねてみてもよいでしょう。

　「この程度であれば大丈夫」「誰かがやってくれるだろう」と思い、危

機を放置することが被害の拡大につながります。大学職員1人ひとりが大学全体の危機を管理することにより、教育研究を安心して実践でき、社会からの期待に応えられる機関として大学は機能することができるでしょう。

第12章 自己管理の方法

1 自己管理が重要である

(1) 自己管理が求められる背景

　近年の大学を取り巻く環境はシステム化、デジタル化が進んでいるにもかかわらず、大学職員の業務の量が減ることはありません。たとえば、国公立大学の7割以上の大学職員は法人化の後に業務が増えたと回答しています（東京大学教育学研究科大学経営・政策研究センター　2010）。私立大学であれば国公立大学に比べ職員数の少ない大学も多く、さらに厳しい環境で業務を担当する大学職員もいるでしょう。

　大学職員に期待される業務の幅も広がっています。近年の各大学では、履修に関するアドバイス、図書館での利用ガイダンス、進路・就職支援、トラブルの相談など、濃淡はあるにしてもかなり充実しています。それに伴い、大学職員が学生支援にかかわる機会が増え、内容も専門的になりつつあります。さらに学生に対する個別支援のニーズも高まり、業務に占める支援の割合は増加しています。

　また、保護者からの問い合わせも増えています。履修、成績、就職活動などに関しての問い合わせや苦情などに対応する役割もあります。丁寧に説明し納得を得るための配慮や工夫が必要です。

　地域とかかわる機会も増加しています。学生の課題解決能力の育成やイノベーションにつながる人材育成に体験学習の機会は重要であり、フィールドワークや**インターンシップ***などの機会が各大学で増加して

います。また、研究の分野に関しても地域や企業との連携が積極的に進められ大学における重要な業務になりつつあります。

このような環境の中、個々の大学職員においても業務の進め方や業務との向き合い方が重要になっています。組織に期待される役割を十分果たし、その中で充実した職業人生を送るためには、やる気を継続して自分自身の行動を管理していくことが求められているのです。

(2) 働きやすい環境が注目されている

近年では働き方について社会の考え方が変わってきています。昔はモーレツ社員や企業戦士という言葉があったように、家庭を顧みることなく組織のために粉骨砕身で長時間働く者が高く評価される時代もありました。しかし、現在ではそのような働き方は望ましいものではなく、多様な人々が働きやすい環境で効率よく仕事を進めることが望ましいと考えられるようになってきました。

大学においても個々の職員が働きやすい環境を整えています。多様な職員が働きやすいように育児休業や介護休業などの制度の整備、**ストレスチェック***の実施、管理者への研修など、心身の健康を支援する取り組みが進んでいます。

個々の大学職員は業務の中での自己管理が求められますが、大学にとっても個々の職員が自己管理できるように支援することが重要になっています。

(3) 自己管理は組織のためでもある

自己管理は個々の大学職員のためのものと理解するかもしれませんが、個々の大学職員の自己管理ができてこそ組織の活動が成り立つのです。**メンタルヘルス***の不調によって1人の職員が休職することになれば、その部署のほかの職員の業務が増えるだけでなく、休職した職員を支援する新たな業務も増えることになります。

また、業務の量に関して組織として解決しなければならないこともあ

ります。たとえば、1人で担当できる量を大幅に超えた業務に携わらなくてはならない場合に自分が残業や休日出勤によって精神的に疲弊する形で業務をやり遂げたとしても、組織の業務の進め方として適切なものではありません。なぜなら、その方法は**人事異動***で後任の職員が引き継ぎ過重な業務を担当することになるからです。上司に相談し、業務量を組織で調整する必要があります。自分の業務量を適切に管理することは組織のためでもあるのです。

2　さまざまな自己管理を理解する

(1)　体調を管理する

　体調管理は自己管理のもっとも基本的なものです。体調のよしあしは業務の質に影響します。万全の体調で業務にあたるようにすれば短い時間で片付けられ、注意力不足によるミスも減るかもしれません。もし不注意のため体調不良になったら、自分が仕事をできなくなるだけでなく、周りの教職員にも迷惑をかけることになりかねません。あたりまえのことですが、良好な体調を維持するためには、栄養バランスのとれた食事、適度な運動、十分な睡眠が重要です。

　また、近年では心の健康についての課題が増加し、各職場におけるメンタルヘルスへの取り組みが進められています。厚生労働省の調査によると、現在の仕事や職業生活が、強いストレスとなっていると感じる労働者の割合は 58.3％と報告されています（厚生労働省 2018）。また、教育分野においてメンタルヘルス不調により連続 1 カ月以上休業した労働者は 0.4％であり、退職した労働者は 0.3％です。大学の業務が多様化、高度化している現在、元気に働き続けることはあたりまえとはいえないのです。

(2) 時間を管理する

　約束の時間を守るということは社会人としての基本です。寝坊して職場に遅刻する、会議の時間に遅刻する、締切の日時に遅れてしまうなどは、周りから自己管理ができていないと思われても仕方ありません。

　また、単に時間を守るだけでなく、有効に活用することが求められます。効率よく業務をこなせば無駄な残業をすることもなくなって、個人の生活の時間も充実させることができるでしょう。有効に時間を活用するには、担当する業務のすべてを可視化して、優先順位を定め、スケジュールに落とし込むことが必要です。特に上司の確認などが必要な場合などは、前もって確認のための時間も設定して、早めにとりかかりましょう。

　業務量と比べて人手が少ないなどの理由で残業せざるをえない場合もあるでしょう。また、職場によっては、遅くまで残って仕事をするのがあたりまえという考えをもっている人がいるかもしれません。しかし、現在では個人にとっても組織にとっても残業を削減することは重要なことですので、効率よく仕事を行い、必要以上の残業を避けるにはどうすればよいかを考えましょう。

(3) 感情を管理する

　自分の感情を管理することも自己管理においては重要です。誰しもうれしい、悲しい、楽しい、つらいなどの感情の波があるのは当然のことです。しかし、業務を進めるうえでは、自分の感情を制御しなくてはいけない場面があります。

　多人数の学生の前で話したり、会議の中で反対意見を述べたり、自分の苦手な人と業務を進めたりすることに躊躇したりすることもあるでしょう。さまざまな場面で体験する否定的な感情とどう向き合うかが重要です。たとえば、注意されて感情的な態度をとってしまうと、指摘した人はもとより周囲に対しても不快な思いをさせてしまいます。自分を

律して冷静に対応することが求められます。

　否定的な感情の1つである怒りに正しく対処するための知識や技能として、**アンガーマネジメント**＊が着目されています（安藤 2016）。アンガーマネジメントは、怒らないことを目的とするものではなく、怒る必要のあることは上手に怒り、怒る必要のないことは怒らなくてすむようにするためのものです。アンガーマネジメントは**ハラスメント**＊の防止策としても期待されており、多くの組織でアンガーマネジメント研修が開催されています。

　また、適切な方法で感情を表現することが求められる場面もあります。学生相談の場面では、相手の立場になって学生の感情に共感する姿勢が求められます。また、クレームなどの理不尽な要求を聞く場面であっても、常に礼儀正しく相手の主張をじっくり聞かなければならないでしょう。

　近年では、肉体労働と頭脳労働という分類に対して、新たに**感情労働**＊という言葉が使用されるようになってきました（ホックシールド 2000）。感情労働とは、感情の抑制や忍耐が求められる仕事であり、主に相手に合わせた言動で接する職業において多いと言われています。部署によっては、大学職員の仕事も感情労働とみなすこともできるでしょう。

(4)　働く意欲を維持する

　仕事をするうえで意欲を継続することが重要です。長く同じような仕事をしていると、意欲が低下することがあります。なかなか目標を達成できない、目標を達成しても十分な達成感が得られない、十分に評価されていないと感じるなど、意欲低下の要因はさまざまです。

　働く意欲を維持するためには、目先の小さな目標だけではなく、それを積み重ねた先の大きな目標を見すえることが重要です。自分がなぜ大学職員になったのかを振り返り、これから大学職員として何を成し遂げたいのかを明確にする機会を設けるとよいでしょう。

また、自分の意欲が高まるのはどのような時なのかも理解しておきましょう。難しい業務を達成できた時や重要なプロジェクトをやり終えた時に意欲が高まるという人は多いのではないでしょうか。また、ライバルがいるから頑張れる、感謝の一言で頑張れるなど他者とのかかわりが意欲のきっかけとなる場合もあります。

3　さまざまな課題に対応する

(1)　過度な完璧主義にならない

　自己管理を進めるうえで重要な姿勢があります。それは過度な完璧主義にならないということです。責任をもって仕事にあたることは大切なことです。しかし、完璧を求めて何事に対しても自分の能力の限界まで頑張りすぎるのは、自分自身が疲れるだけでなく、周囲にも妥協を許さない環境をつくり、軋轢を生むことにもつながります。

　完璧主義にならないためには、いくつかの注意すべき点があります。まずは、そもそもの業務の目的を考えることです。業務の目的を確認することで、細かな業務のプロセスにこだわりすぎることを避けることができます。たとえば、書類を作成する場合も、形式を整えて丁寧に作成することが求められることもありますが、形式を整えるより早く仕上げることが求められることもあります。

　次に、それぞれの業務に期待される水準も理解することです。すべての業務に全力で取り組むことは不可能です。全力で対応すると、ストレスが溜まりやすくなるだけでなく、力を出すべき時に出せなくなってしまいます。継続的に能力を発揮できるように、力の配分を考えて仕事をしましょう。

(2)　ストレスと付き合う

　ストレスと上手に付き合うには、2つのことが重要です。1つは、ス

トレスに対する気づきです。「気分が乗らない」「少し落ち込んでいる」などの気分の変化や微熱、腰痛、頭痛や食欲不振など身体面の変化に早く気づくことです。また、自覚していなくても周囲の人に、疲れから起きる言動の変化を指摘されることもあるでしょう。自分のストレスの状況を客観的に把握することを習慣化しましょう。

　もう1つは、ストレスを軽減するための具体的な方法を理解しておくことです。たとえば、快適な睡眠、適度な運動、親しい人たちとの交流、趣味など、好きなことのできる時間の確保です。ストレスを軽減する方法は人によってそれぞれですので、自分に合った方法を見つけましょう。

　一方、ストレス軽減に関する誤解もあります（厚生労働省他 2011）。ストレス軽減のための喫煙は健康の面から避けた方がよいでしょう。また、飲酒はストレス軽減に役立つこともありますが、量と頻度のコントロールが必要です。さらに、運動や趣味についても、気分転換の域を超えて、翌日の生活などに影響を与えるほど自身の身体に負担をかけることは逆効果です。

⑶　上手に仕事を断る

　頼まれたことをすべて引き受けることで、自分の能力を超えてしまい、残業が増加し、体調を崩してしまうことがあります。そのことが原因で、自分が本来担当するべき業務の質を下げてしまうかもしれません。

　そのため、上手に仕事を断ることも重要になります。短い言葉で「できません」や「無理です」と断ると角が立つので、相手を嫌な気分にさせずに断れるように工夫しましょう。

　その方法として、互いの立場を大事にしたコミュニケーションであるアサーション*を意識すればよいでしょう。つまり、仕事の依頼者に対する共感を示しつつ、自分には担当できない理由を適切に伝えるという方法です。また、依頼者に対しては、依頼してくれたことに対する感謝と対応できないことに対する謝罪の言葉を加えるとよいでしょう。さらに、自分の抱えている業務や日程を説明し、いつ頃なら余裕ができるの

かという予定を伝えれば、依頼者に与える印象もよくなるでしょう。

(4) 他者に相談する

自分1人では解決できない課題については、他者に相談しましょう。1人で問題を抱え込まないことが重要です。

第一の相談相手は上司です。上司には部下の業務を管理し健康に配慮する責任があります。課題が深刻になってきてから上司に相談したのでは、上司が事態を改善する選択肢が少なくなってしまいますので、職場で抱えている課題は、早めに上司に相談しましょう。上司に相談することは恥ずかしいことではありません。事態を改善するためには上司に正直に話しましょう。

また、上司以外にも相談相手はいます。人事課や健康センターなどの学内の相談窓口、地域の医療機関、保健所なども利用できます。現在、職場のメンタルヘルスケアは社会的にも重要性が認められており、健康に働くための支援は充実していく方向にあります。

4 自分のキャリアを管理する

(1) 自分のキャリアに責任をもつ

自分のキャリアを管理することも重要な自己管理の1つです。あなたが大学職員という職業を選択したきっかけはどんなことだったのでしょうか。大学職員を対象に行った調査によると、80％以上の人が安定性を志望動機としてあげています（東京大学教育学研究科大学経営・政策研究センター 2010）。また、同調査によると、80％以上の大学職員が今後も大学職員を続けたいと回答しています。これは、大学職員という職業を続けるうちに、いつの間にか安定性以外のさまざまな魅力に気づくようになったことを示しているのではないでしょうか。

魅力の一つとして、人事異動によってさまざまな業務が経験できるこ

とをあげる職員がいます。人事異動により部署が変わるということは最初は大変ですが、新しい経験ができ、新しい業務に挑戦するという意欲を維持することにつながります。また、年次有給休暇に加えて子育てや介護のための休暇などを取得しやすいという点を魅力にあげる人も多いでしょう。さらに1年を通して数々の行事の中で大勢の学生に囲まれ、成長を目の当たりにできる環境で働くことは、ほかの職場では味わうことができない魅力ではないでしょうか。

　大学職員になってからも、自分のこれまでのキャリアを振り返り、その後のキャリアを設計し続けることは重要です。もちろん、希望する部署に配属されない、苦手な上司や同僚と一緒に仕事をするなど、すべてが自分の思い通りになるわけではありません。大学をめぐる環境は大きく変化しており、将来の予測も困難です。しかし、将来の予測が困難な時代だからこそ、自らのキャリアに責任をもち、自分の生き方や働き方を設計し、必要があるたびに何度もキャリアを設計し直すことが重要なのです。

(2)　自分の目標と価値を明確にする

　自分自身でキャリアをつくっていくためには、自分の目標を明確にすることが重要です。自分が目指すイメージを、できるだけ具体的にもつことで、次につながる行動を起こしやすくなります。たとえば、「学生から信頼される大学職員になりたい」というイメージだけでは漠然としています。どのような行動をすれば信頼されるのかを考えて、「関連する法令と学内規則に関しては正しく理解して説明できる」「学生のニーズを的確に把握できる」「学生の相談には最優先で対応する」などの具体的な行動のレベルに置き換えるとそれを実行できるのです。

　自分の目標がうまく定まらない場合は、**ロールモデル***を参考にするのもよいでしょう。あなたの身近に、憧れの先輩や上司はいませんか。人は憧れの存在をよく観察するものです。その人に近づきたいと思ううちに、自然にあるいは意図的に、望ましい言動をするようになるのです。

　キャリアを展望するうえで、自分の**キャリア・アンカー**＊を明確にすることも重要です。キャリア・アンカーとは、個人がキャリアを選択する際に、自分にとってもっとも大切で、どうしても犠牲にできない価値観や欲求です（シャイン 2003）。アンカーとは船の錨を示す言葉で、錨を下ろすことで船は安定するという意味で使用されています。船が錨によって安定するように、自分のキャリア・アンカーを理解することにより、大学職員としての生き方が明確になるでしょう。

　キャリア・アンカーの例としては、「大学の管理職になりたい」「学生対応の専門家になりたい」「企画の業務をしたい」「大学と社会をつなぎたい」「家族との時間を大切にして働きたい」などがあります。キャリア・アンカーという概念は、自分にとって譲れない大切なものは何なのかを明確にするのに役立ちます。

(3)　学習の機会をつくる

　自分の目指すキャリアを築いていくには、日々の学習が重要になります。現在は生涯学習の時代です。社会の変化に応じて、あるいは必要が生じたときに、そのつど学習をすることが求められます。

　2017 年に**大学設置基準**＊の改正によって大学に **SD**＊が義務化されました。これを契機に大学における研修は増え、参加できる機会は多くなっ

ているでしょう。研修と聞くと気が重くなるという声を耳にすることがありますが、業務時間の中で、自分にない知識を得たり、普段の業務では気づかなかった自分の課題を発見したりすることができる貴重な機会ではないでしょうか。民間企業や地方公共団体では、勤務年数や役職ごとに研修プログラムがあり、職務の一環として研修に参加することになっていますので、大学にもようやく同じ環境が整ってきたともいえます。

　また、研修の機会だけではなく、周りの先輩職員などから学習することもできます。誰しも自分が担当した経験のある業務以外の知識は乏しいでしょう。解決が難しい課題や知識不足の情報について教えてもらえれば、業務を円滑に進められます。このような業務を通して行われる教育は **OJT*** と呼ばれます。困ったときに相談できるネットワークを広げるため、先輩や上司から誘われた食事や勉強会の場や、学内の大学職員のサークル活動の場などを活用できないか検討してみるとよいでしょう。

　キャリアにおける自分の目標を明確にし、そのために必要な学習を主体的に行う姿勢も重要です。希望する内容の研修が大学にない、周りに詳しい人がいないといった理由で学習を断念せずに、学習できる機会を探してみましょう。書籍から学習する、**学会***や研究会に参加して学習する、民間の研修で学習する、**eラーニング***で学習する、**大学院***に進学して学習するなど、さまざま機会があることに気づくでしょう。

(4)　仕事と生活のバランスをとる

　キャリアに関して考える場合、狭義には就職や職業のことを指しますが、広義には個人の人生全体というとらえ方があります。仕事の成功だけでは十分ではなく、学習、余暇、愛情が充実していなければよい仕事はできず、人生を豊かにすることはできないことが指摘されています（ハンセン 2013）。

　週末は趣味に没頭することで、平日の仕事を充実して行うことができたり、子どもが生まれた責任感から仕事に対する意欲が上がったりする

コラム　大学職員が担う教育的役割

　これまで学生の就職支援を担当し、学生が社会へ旅立つ姿を見送ってきましたが、少し前に、就職相談を担当した卒業生からうれしい報告がありました。その卒業生とは就職活動時期からかかわり、卒業後も何度か電話やメールで相談を受けるなど、連絡を取り続けていました。最初はどうすれば職場の期待に応えられる仕事ができるかという相談でしたが、次第に今の仕事以外に自分の居場所があるのではないか、といった内容に変化していきました。目の前の課題に取り組みながらしばらく頑張りましたが、結局、公務員を目指し試験にチャレンジすることを自ら決断しました。行動を決めたものの、不安とプレッシャーに押しつぶされそうになりながら試験勉強の期間を過ごした、ということは後で聞きました。

　しばらく経ってから、公的機関から内定をもらったとの報告がありました。なかなか連絡がなく心配していましたが、弾んだ声にほっとしました。新しい仕事の話や今後のことを話し、最後に「あと少しで 30 歳になります。ありがとうございました。」と卒業生は電話を切りました。30 歳という言葉が重く耳に残りました。

　卒業後の学生の様子を知る機会は、そう多くあることではありません。しかし、このような場面に出会うと、大学での就職支援は学生の人生に大きくかかわっているのだということを改めて思い知らされます。

　大学職員として就職支援の業務を希望する人の中には、「学生に喜んでもらえる」「感謝される」などを理由にあげる人が多くいます。また、学生からの感謝の声が大学職員に対する評価だと思っている人もいるようです。もちろんそれは、魅力的なことであり大学職員自身のやりがいにつながるのかもしれません。しかし、学生に感謝されたいという感情が優先される支援は、学生の主体性やチャンスを妨げているかもしれないということを考えておく必要があるでしょう。支援は、あくまで学生の社会的・職業的自立のためであり、大学職員はそれを信じてサポートする役割にすぎないのですから。

　目の前の学生には、この後の人生があります。私たちはその一地点でかかわっています。学生の相談を受けるとき、つい目の前の困難を何とかすることに注力しがちですが、職業人として自立できるための支援をするという視点が大切です。教育的な視点をもって学生とかかわることは、大学教員だけの役割ではなく大学職員にとっても重要なことなのではないでしょうか。

かもしれません。反対に、両親の体調が芳しくなかったり、子どもの進学のことが気になっていたりすると、集中して仕事をすることが難しい

時期があるかもしれません。

　現在、多くの大学では就業規則や福利厚生などにより**ワークライフバランス***を尊重する制度を整えています。仕事でも私生活でも最低限の責任を果たすことは前提ですが、福利厚生の制度を積極的に活用しながら、人生として自分にとって譲れないものは何なのかを明確にし、それを追求しつづけていきましょう。

資　料

1　大学の年間スケジュールの例

	4月	5月	6月	7月	8月	9月
大学の主な行事	入学式（春） 新年度ガイダンス 学生健康診断 前学期授業開始	オープンキャンパス	オープンキャンパス	定期試験 オープンキャンパス	夏季休業 オープンキャンパス 施設改修	夏季休業 学部AO入試 大学院入試 卒業式（秋）
教員人事の動き	新規採用教員の着任 当該年度採用スケジュールの策定					
各事務室の動き	人事異動 新規採用職員の着任	決算業務 賞与支給事務	教職員健康診断 教職員ストレスチェック	内部監査		中間決算 次年度の予算要求資料を作成
教務事務業務	前学期授業開始 前学期履修登録	履修辞退受付 前学期休学受付締切	定期試験準備	定期試験 次年度学年暦検討	追試験 成績処理	前学期成績発表 集中講義
入試業務		オープンキャンパス	オープンキャンパス 大学入学者選抜実施要項公開	オープンキャンパス 各大学入試要項作成	オープンキャンパス	大学院入試 学部 AO 入試
政府予算			各省庁で概算要求に向けた準備		各省庁が概算要求書を財務省へ提出	
地方公共団体予算			各部局で予算要求に向けた準備		予算編成方針の決定	
私立大学学内予算	前年度決算準備	前年度決算		次年度予算申請準備	各部局予算申請準備	各部局予算申請
高等教育関係の補助事業	公募説明会		プログラムの申請			プログラムの採択決定
科学研究費助成事業	新規採択（基盤研究等）及び継続課題の交付内定	応募書類提出（研究活動スタート支援）	新規採択課題（挑戦的研究等）の交付内定		研究活動スタート支援の交付内定	公募（基盤研究、挑戦的研究等）

10 月	11 月	12 月	1 月	2 月	3 月
入学式（秋）後学期授業開始	学部推薦入試	冬季休業	大学入試センター試験 学部一般入試 定期試験	学部一般入試 大学院入試	学部一般入試 卒業式（春）
	次期学長の決定	副学長等の執行部が決定	各学部の執行部が決定 ４月雇用予定非常勤教員委嘱開始（契約更新含む）	学科・コースの体制が決定 新規採用教員研究室準備	学内委員会の構成員が決定
外部監査	賞与支給事務	年末調整業務	教職員健康診断（特殊健診）次年度予算が内定	年度末退職予定者対応（退職手当等）次年度の各種契約業務	臨時職員等の雇用業務
後学期授業開始 後学期履修登録		シラバス作成依頼 定期試験準備	定期試験 次年度時間割編成	追試験 成績処理	後学期成績発表 卒業判定
一般入試募集要項公開	学部推薦入試		大学入試センター試験	学部一般入試合格発表（私学）	学部一般入試合格発表
		財務省原案の策定 政府案の閣議決定	通常国会で予算案を審議		次年度予算の成立
各部局の予算要求 重点施策の決定		首長査定	当初予算案の発表	議会で予算案を審議	次年度予算の成立
	各部局予算への予算ヒアリング	各部局予算の査定			次年度予算の成立
(新規採択年度の）補助金交付申請書の提出		(新規採択年度の）補助金の交付			
応募の学内締切	応募書類提出（基盤研究、挑戦的研究等）				公募（研究活動スタート支援）

2　事務文書の例

【文書例1　通知文】

> 発信日や内容を容易に追跡できるようにするため、他部署や他大学へ発信する文書には文書番号を付けます。

20XY○大総務 1234 号
20ＸＹ 年 5 月 10 日

○○大学教職員各位

> 発信者の押印があることで、発信者が了解済であることを示せます。軽微な通知である場合は押印を省略することもあります。

事務局総務部長
（印章省略）

教職員就業規則改正について（通知）

標記の件、以下のとおり改正することになりましたので通知します。

記

1　改正の経緯

大学のハラスメント防止に向けた体制整備に伴い、関係する規則も改正する必要があるため。

2　改正箇所

第 12 条　職務専念義務

第 19 条　守秘義務

詳細は別紙を参照してください。

> 通知文に全てを盛り込もうとはせず、詳細は別紙にまとめます。

3　施行日

20XY 年 10 月 1 日

> 通知に関連する事項があれば、「その他」としてお知らせします。

4　その他

ハラスメント防止に向けた体制整備の一環として、教職員全員必修の研修会を今年度下期に計画しています。詳細が決まり次第通知いたしますので、ご協力をお願いいたします。

以上

【文書例2　送付状】

送付状に文書番号を
付ける大学もあります。

20XY 年 7 月 3 日

株式会社 EFG
法人総括部営業第一課長　　○○○○様

宛先と発信者の役職をできる
だけ揃えます。（相手が課長
であれば、こちらも課長）

学校法人○○学園○○大学
総務部管理課長　　○○○○

書類送付のご通知

月によって使う言葉が異なるので注意

拝啓　盛夏の候、貴社ますますご清栄のこととお喜び申し上げます。平素は格別のご
厚情を賜り、厚く御礼申し上げます。

　さて、先日は本学の○○に出席いただき、誠にありがとうございました。○○の設
計を具体的にご検討いただくため、関連資料を同封いたしましたので、ご査収ください。

　なお、ご不明な点がございましたら、下記担当者までお気軽にご連絡ください。

敬具

記

1　送付資料
　　○○設計仕様書　　　　　1式

以上

実際の担当者
を記載します

担当者連絡先
総務部管理課施設係主任　　○○○○
メールアドレス：＊＊＊＠＊＊＊
電話：012-345-6789

【文書例3　規則・規程等】

○○大学図書館システム利用規程

20XY 年度○○大学規定第 1234 号
制定 20XY 年 5 月 10 日

> 見出し：各条の内容を簡潔に表現します。

（目的）
第1条　○○○○○○○○○○○○○○

（定義）
第2条　○○○○○○○○○○○○○○
2　○○○○○○○○○○○○○○
3　○○○○○○○○○○○○○○
　(1)　○○○○○○○○○○○○○
　(2)　○○○○○○○○○○○○○

> 項：条の内容をさらに区分する必要がある場合に設けます。通常、数字を付けるのは第2項からです。

> 号：条や項の中で事柄を列記する場合に設けます。

　附　則　（20XY 年度○○大学規程第＊＊号）
この規程は、20XY 年 4 月 1 日から施行する。

> 文書の改訂履歴がわかるように、改訂するたびに附則に改訂日を書き加えます。附則には、全体にかかる但し書きや例外が書かれることもあります。

【文書例4　新旧対照表】

現行	改正後	備考
第1条　本規程は○○について定めるものである。	第1条　本規程は○○の運用について定めるものである。	
	変更部分がわかるよう、下線を付けて示します。	
第2条 （略）	第2条 （略） 　2　前項の適用においては、予め○○委員会で了承を得た上で行うものとする。	
新旧対照表を簡潔なものにするため、変更のない部分は（略）と表記します。この場合であれば、第2条第2項を追加するという意味になります。	変更理由などを記載する欄が設けられるのが一般的です。	
第3条〜第9条　（略）	第3条〜第9条　（略）	
第10条　（略） 　2　○○キャンパスの職員においては、前項の適用を受けないものとする。 　3　（略）	第10条　（略） 　2　（削る） 　2　（略）	
	途中の条項そのものをなくす場合、項番の変更も伴います。	
（新設）	第11条　前条に定める委員の選出方法は、各学部の定めるところによるものとする。 　　附　則 　本規程は、20XY 年4月1日から施行する。	
	最後に、改正が施行される日付を附則に記載します。	

【文書例 5　訃報】

20XY 年 7 月 13 日

教職員各位

事務局庶務課長

訃　報

事務局○○課主任　○○○○様には、○○のため 7 月 12 日に逝去されました。享年
○○歳、ここに生前のご厚誼を深謝し、謹んでお悔やみ申しあげますとともに通知い
たします。
　葬儀は、下記のとおり執り行われます。

記

1	通　夜	7 月 14 日（木）　午後 6 時から
2	告別式	7 月 15 日（金）　午前 10 時〜 11 時
3	式　場	○○斎場　　○○市＋○○町 1-2-23
		電話　123-456-7890
4	喪　主	○○○○　様
5	備　考	故人の意向により、御供花御供物等は辞退されます。

以　上

> 参列や弔電・供花などを送る方に必要な情報を記載します。

> 訃報は、そもそも学内に文書で通知することから、ご家族のご意向を確認することが必要です。「香典の辞退」などのご意向があれば、それらも記載します。

3 公用文のルール

1 項目番号の付け方

項目番号は、 1 →(1)→ア→(ア)の順に大項目から小項目へと使用する。

1　大学設置基準（昭和 31 年文部省令第 28 号）の一部改正
　　(1)　教員と事務職員等の連携及び協働
　　　　　大学は、当該大学の教育研究活動等の組織的かつ効果的な運営を図るた
　　　　め、当該大学の教員と事務職員等との適切な役割分担の下で……
　　(2)　事務組織
　　　　　大学は、その事務を遂行するため、専任の職員を置く……

2 名詞の列挙

(1)　並列的な接続

【「及び」】
　　2つを単純に並列して結びつける　　　　　　A　及び　B
　　3つ以上を単純に並列して結びつける　　　　A、B、C　及び　B

【「及び」と「並びに」】
　　異なる段階の物事を並列して結びつける　　　A　及び　B　並びに　C
　　　　　　　　　　　　　　　　　　　　　　⎡AとBが小さな接続　　　　　　⎤
　　　　　　　　　　　　　　　　　　　　　　⎣「A及びB」がCと対等に並ぶ⎦

(2)　選択的な接続

【「又は」】
　　2つを単純に選択して結びつける　　　　　　A　又は　B
　　3つ以上を単純に選択して結びつける　　　　A、B、C　又は　B

【「又は」と「若しくは」】
　　異なる段階の物事を選択して結びつける　　　A　若しくは　B　又は　C
　　　　　　　　　　　　　　　　　　　　　　⎡AとBが小さな接続　　　　　⎤
　　　　　　　　　　　　　　　　　　　　　　⎢「A若しくはB」がCと対等に⎥
　　　　　　　　　　　　　　　　　　　　　　⎣並ぶ　　　　　　　　　　　　⎦

(3) 「その他」と「その他の」の違い

　全学共通科目、専門教育科目、その他別に定める授業科目を履修することができる。

　　　⇒「全学共通科目」「専門教育科目」「別に定める授業科目」は並列の関係

　言語科目、教養科目、基礎科目その他の全学共通科目を履修しなければならない。
　　　⇒「全学共通科目」の例示として「言語科目」「教養科目」「基礎科目」を列挙

3　文体

(1) 「より」と「から」の使い分け
　「より」は比較、「から」は起点を表す。
　比較　　昨年度よりも多い問合せがあった。
　起点　　午後3時から開催します。

(2) 「～から」の後には「～まで」を忘れない
　　○　第1節から第5節までを参照すること。
　　×　第1節から第5節を参照すること。

4　注意すべき用語

(1) 「から」と「から起算して」
　翌日から2年　　　　　　　　翌日を含まない2年間
　翌日から起算して2年　　　　翌日を含んだ2年間

(2) 「以上」「超える」「以下」「未満」
　　10人以上　　　　10人を含むから　　　10人から
　　10人を超える　　10人を含まないから　11人から
　　10人以下　　　　10人を含むから　　　10人まで
　　10人未満　　　　10人を含まないから　　9人まで

(3) 「以前」「前」「以後／以降」「後」
　　3月10日以前　　　　　　3月10日を含む
　　3月10日前　　　　　　　3月10日を含まない
　　3月10日以後／以降　　　3月10日を含む
　　3月10日後　　　　　　　3月10日を含まない

4 用語集 ＊用語のあとの数字は、本書中に登場するページです。

e ラーニング → 7,144

情報技術を活用した学習。インターネットを介して提供されるデジタルコンテンツ活用し、双方向で教授・学習が行われる。学校教育だけでなく企業内教育においても広く活用される。日本では 2000 年代初頭に e ラーニングという用語が使用されるようになった。

ECRS の原則 → 88

業務改善の 1 つの方法。ECRS は、Eliminate（排除）、Combine（結合）、Rearrange（組み換え）、Simplify（簡素化）の英語の頭文字を取ったものであり、この 4 つの視点から業務改善を進める。

GPA → 47

学生が履修した授業の成績から算出された学生の成績評価値、あるいはその成績評価の方法。欧米の大学で用いられる成績評価の方法であり、国際化や厳格な成績評価という観点から導入が促されている。授業料免除や奨学金の選考基準や成績不振学生への対応に活用される。Grade Point Average の略称である。

MSB 法 → 89

業務の優先順位を評価する方法。Must（必ず）、Should（できるだけ）、Better（できれば）の 3 種類の優先順位に分類する。業務を必要か必要でないかという 2 択で考えるのではなく、3 択にすることで優先順位の低い業務を明確にすることができる。

OJT → 144

管理監督者の責任のもとで日常の業務につきながら行われる教育。職場内訓練ともいわれ、部下への指導や育成と同義で用いられることもある。業務の最中に行う指導、個人学習の指示やアドバイス、目標や評価の面談、キャリア開発の指導などが含まれる。

PREP 法 → 104

効果的な説明の構成の方法。まず結論（Point）を伝え、その理由（Reason）を説明し、事例（Example）で理由を補強し、最後に結論（Point）を再提示する。結論を先に話すことで短い時間で理解してもらうことができる。口頭による説明だけでなく、文書による説明においても有効である。

SD → 6,143

教育研究活動等の適切かつ効果的な運営を図るため、必要な知識及び技能を習得させ、並びにその能力及び資質を向上させるための研修。スタッフ・ディベロップメントの略。従来は職員を対象とした能力開発と理解されることがあったが、大学設置基準の規定によって、事務職員だけでなく、教員、大学執行部、技術職員なども対象者として含まれる。

アイコンタクト → 101

視線と視線を合わせること。対人関係において、会話をするときは相手の目を見るのは基本的なルールである。アイコンタクトを適切にしないと、他者への配慮が欠けていると判断されることがある。一方、過度に相手の目を見続けるのは失礼な行為だと考えられることもある。

アサーション → 110,140

相手の意見だけでなく、自分の意見も大切にするコミュニケーションの方法。一方的に自分の意見を押し付けるのでもなく、一方的に相手の意見を受け入れて我慢するのでもなく、お互いを尊重しながら自己表現を行う。

アンガーマネジメント → 138

怒りに正しく対処することで健全な人間関係をつくり上げる知識や技能。米国のレイモンド・ノヴァコによって提唱され心理教育に活用された。現在では企業研修、医療福祉、青少年教育、人間関係のカウンセリングなどの幅広い分野でアンガーマネジメントは活用されている。

インスティチューショナル・リサーチ → 78,111

大学における諸活動に関する情報を収集・分析することで大学の質の向上を支援し、外部に対して説明責任を果たす活動。具体的には、学生への教育活動とその成果の検証、認証評価や自己点検・評価への対応、中長期計画の策定などを行う。IR と略される。この業務に従事する者を、インスティチューショナル・リサーチャーと呼ぶ。

インターンシップ → 134

職場の監督下での一定期間の職業経験。学生の専攻分野に関連した業務にかかわるものかどうか、フルタイムかパートタイムか、有給か無給か、短期間か長期間かなど形態はさまざまであるが、キャリア意識の涵養、職業的技能・態度・知識の獲得を目的に実施されている。インターンシップを正規の授業として単位化す

る大学もある。

運営費交付金 → 15,72
国立大学法人の基盤的経費の安定的な確保と機能強化への重点支援として国から
交付される経費。公立大学法人運営費交付金の場合は、公立大学法人を設置して
いる地方公共団体が配分する。学生数などの客観的な指標に基づく各大学共通方
式により算出される学部教育等標準運営費交付金と各大学の教育研究活動実態に
応じ必要な所要額により算出される特定運営費交付金に分けられる。

オープンキャンパス → 32,65,115
大学へ入学を希望している者に対して、キャンパスを公開し、入学に向けての関
心や理解を促進するイベント。学長などの講演、模擬授業、研究室公開、キャン
パスツアー、部活やサークルの紹介、個別相談などである。

オープンクエスチョン → 102
「なぜ」「どのように」などではじまる、回答者が自由に答えることのできる質問。
相手に考えさせたいときや質問者が考えつかないような答えを期待するときに使
用する。クローズドクエスチョンと対比される。

科学技術・学術審議会 → 55
文部科学省におかれている科学技術や学術の振興に関する重要事項を調査審議す
る組織。文部科学大臣が任命した 30 人以内の委員で構成され、研究計画・評価
分科会、資源調査分科会、学術分科会、海洋開発分科会、測地学分科会、技術士
分科会の 6 つの分科会が設けられている。

学位 → 56,66
大学などの高等教育機関が能力を証明するために与える称号。名称や称号を与え
る方針は国によって異なる。日本では、文部科学大臣が定める学位規則で、学位
の名称や授与するための条件などが定められている。

学長 → 15,58,66
大学の長として校務をつかさどり、所属の教職員を統括する者。大学設置基準第
12 条において、「学長となることのできる者は、人格が高潔で、学識が優れ、か
つ、大学運営に関し識見を有すると認められる者とする」と学長の資格が規定さ
れている。

学問の自由 → 5

学問的活動が知的好奇心に基づくものであり、外部の権威から介入や干渉をされることなく自由に行われるべきであるという考え方。日本国憲法第 23 条において、「学問の自由は、これを保障する」と規定されている。学問研究の自由、研究発表の自由、教授の自由が含まれ、これらを担保するための大学の自治の保障も含むと考えられている。

学会 → 81,144

専門分野を共有する研究者や職業専門人の団体、もしくはその団体の集会。学会員は研究の成果を学会誌や集会で発表して批判や承認を受ける。学会は専門分野に対応しており、新しい専門分野ができると新しい学会が設立され分化していく傾向にある。

学校基本調査 → 65

文部科学省が毎年実施する学校に関する基本的な内容の調査。1948 年から実施され、大学だけでなく、幼稚園、小学校、中学校、高等学校なども対象となっている。調査項目としては、毎年 5 月 1 日の学校数、在学者数、教職員数、学校施設、学校経費、卒業後の進路状況などがある。

学校教育法 → 6,52

1947 年に制定された日本の学校体系などを定めた法律。幼稚園、小学校、中学校、義務教育学校、高等学校、中等教育学校、特別支援学校、大学、高等専門学校について、在学すべき年数などの基本的な事項が定められている。学校教育法で定められた事項を具体的にどのように取り扱うかについては、学校教育法施行規則で定められている。

カリキュラム → 4

教育機関が掲げる教育目的を達成するための学習経験の計画。学習者に与えられる学習経験の総体と広くとらえられる場合もある。行政用語として教育課程も使用されるが、教育課程はカリキュラムの中でも特に制度化され計画化された部分を指す。大学のカリキュラム編成においては、各機関に大きな裁量が委ねられている。

監査 → 46

法令や学内規程などの基準と照らして、業務や財務会計の状況に問題がないか確認をすること。多くの大学では、業務監査と会計監査を定期的に実施しており、

監査結果を踏まえ、基準に適合するように改善が行なわれる。

感情労働 → 138
自分自身の感情をコントロールし、相手に合わせた言葉や態度で応対することが求められる労働。肉体労働と頭脳労働という分類に対して、アメリカの社会学者ホックシールドが提唱した。旅客機の客室乗務員、看護師などの医療職、コールセンターのヘルプデスク、苦情処理を担当する部署などの仕事が感情労働の例としてあげられる。

官僚制 → 9,20,40,60
指揮命令系統が明確で、あらかじめ定められた規則などを拠り所にして職員1人1人が仕事をすることにより、比較的大きな規模の組織を安定して運営するためのシステム。社会学者のマックス・ウェーバーが提唱した。個人の能力にかかわらず組織運営ができるが、規則などに定められていない新しい内容への対応が難しいといった課題もある。

寄附行為 → 57
学校法人の設立者がその設立の目的として作成した最も基本的な事項について定めた根本規則。私立学校法で定められており、目的、名称、学校名、所在地、役員の規定、理事会の規定などが含まれる。社団法人の定款にあたる。

キャリア・アンカー → 143
キャリアを選択する際に、自分にとってもっとも大切で、どうしても犠牲にできないという価値観や欲求。アメリカの組織心理学者エドガー・シャインによって提唱された概念。アンカーとは船の錨を示す言葉である。

教育基本法 → 5,51
日本の教育に関する原則を定めた法律。教育に関する法令の運用や解釈の基準となる性格をもつことから教育憲法と呼ばれることもある。前文と18条から構成される。1947年に制定され、2006年に全面的に改正された。

教育の質保証 → 15
教育機関が提供する教育が確かなものであることを示す行為。法令に明記された最低基準としての要件や認証評価などで設定される評価基準に対する適合性の確保に加え、自らが意図する成果の達成や関係者のニーズの充足といったさまざまな質を確保することが求められる。

教学 → 23,58,111

教育と学問のこと。特に私立大学において大学の運営を教学と経営の2つに分けて組織が構成されることが多い。教学面の責任者は学長であり、経営面の責任者は理事長である。

教授会 → 59

学部などにおかれる合議制の仕組み。構成員は教授に限らず准教授などの教員が含まれることも多いが職員が入ることはほとんどない。現在の教授会は学校教育法に基づいているが、旧制大学以来の学部自治の伝統の中で、実質的には大きな権限をもつことが多い。

教職協働 → 6,114

教員と職員とが目標を共有し協力して業務を遂行すること。教育研究活動などの組織的かつ効果的な運営を図るために必要性が認識されるようになった。大学設置基準第2条の3に教員と職員の連携及び協働が示されている。

競争的資金 → 15

個人や組織の申請内容の評価に基づき配分する資金。学生数や教員数などに基づいて配分される基盤的経費と対比される。科学研究費補助金のような研究費が代表的であるが、教育経費についても各大学の申請書に基づき配分される事業がある。

クッション言葉 → 110

直接伝えるときつくなりがちな言葉の衝撃をやわらげてくれる働きをもつ言葉。依頼したり、断ったり、異論を唱えたりする場合などにおいて、相手への配慮や思いやりを示すことができる。

グループウェア → 31,52,89

組織の中でスケジュールや電子ファイルなどを共有することができるソフトウェア。会議室の予約管理や、過去の通知文を検索できる機能など、職場の課題に応じてカスタマイズできるものもある。

クローズドクエスチョン → 102

答えが「はい」か「いいえ」に限られる質問。対話の速度を必要とするときや物事を確認するときに効果的である。ただし、答えが限定されるので、答える側が窮屈に感じる場合もある。オープンクエスチョンと対比される。

傾聴 → 100

相手の話をただ受け身的に聞くのではなく、共感を示しながら積極的に耳を傾ける方法。会話のなかでうなずき、相槌、アイコンタクト、要約などを行うことで、相手は自分を理解してくれていると安心感を抱き、自発的に話すようになることが期待できる。

建学の精神 → 18

私立学校の設置にあたって共通の認識となる理念。私立大学の場合、特定の創設者によって大学建学の精神や理念が語られ、その後の大学のアイデンティティになる。

高等教育 → 5

初等教育、中等教育に続く最終段階の教育。一般的に高等学校の卒業が入学資格である。日本では、大学、大学院、短期大学、高等専門学校の4年以上、専修学校の専門課程、文部科学省所管外の省庁大学校などが含まれる。

国立大学協会 → 13

国立大学法人を正会員とする一般社団法人。1950年に設立された。国立大学法人の振興と日本の高等教育および学術研究の水準の向上と均衡ある発展に寄与することを目的としている。正会員の全国86の国立大学とともに、特別会員の4機構で構成されている。

個人情報 → 4, 41, 67, 126

生存する個人に関する情報で、特定の個人を識別できるもの。具体的には、氏名、生年月日、性別、住所などが該当する。学籍番号や履修、成績、奨学金、就職、健康状態に関する情報のように、特定の個人を識別することができるものも含む。

コンソーシアム → 81

複数の高等教育機関が連携して事業を行う団体。地方公共団体や地域の企業などが加わる団体もある。主な事業には、単位互換や図書館の相互利用、公開講座、学生や教職員同士の交流、教職員能力開発などがある。

コンプライアンス → 6

法令遵守のこと。単に法令を遵守するだけでなく倫理や社会規範に従うことを含む場合もある。大学には公共性があるため、高い倫理観に基づく業務執行が期待されている。

産学連携　→ 98

新技術の研究開発や、新事業の創出を図ることを目的として、民間企業が大学などの教育機関と連携すること。大学の研究成果を産業界へ移転しやすくするため、国は大学等技術移転促進法の制定や、技術移転機関制度の創設、大学発ベンチャー創出の促進などの環境整備を行っている。政府・地方公共団体が関わる場合は、産学官連携や産官学連携ともいう。

サービスラーニング　→ 16

社会貢献活動などを通じて学ぶ方法。実際に地域での社会貢献活動に参加する活動を通して学習が促される。学生の体験を学習にするためには、社会貢献活動の前後の事前学習と振り返りが重要となる。学生と地域社会が連帯することで双方に利益がもたらされる。

事業継続計画　→ 123

緊急事態の発生時に、組織が損害を最小限に抑え、事業の継続や復旧を図るための計画。自然災害、大火災、テロ攻撃などの緊急事態に遭遇した場合には、業務量が急激に増加し極めて膨大なものとなるとともに対応資源が制約されるため、業務の優先度による絞り込みを行い、非常時優先業務を適切かつ迅速に実施することが求められる。BCP（Business Continuity Planning）とも呼ばれる。

奨学金　→ 67

学費や学生生活を金銭的に支援する制度。日本学生支援機構などの団体によるもの、学生の所属大学独自のものなどがある。返還を要する貸与と返還を要しない給付に分けられる。就学上必要な育英的な意味と勉学その他の活動に対する奨励的な意味にも分けられる。

情報公開請求　→ 46

行政機関などに対して文書の開示を請求すること。開示請求された行政文書は、原則として開示する必要がある。行政機関の取り扱いに準じて、請求窓口を設置している国公立大学が多い。

人事異動　→ 11, 22, 35, 85, 88, 136

組織の中における大学職員の配置・地位や勤務状態の変更。本人や異動先の大学職員の成長を促すことや、組織の硬直化による業務の怠慢や不正の防止を目的とする。採用・退職、昇格・降格、昇進・降職（役職任用や解任）、配置転換、転勤、出向、転籍などがある。

信頼口座　→ 21

人間関係において、他者との信頼関係がどのような状態かを銀行口座にたとえた表現。スティーブン・コヴィーによって提唱された。銀行口座に貯めてあるお金のように、意識的に信頼のレベルを保つための行動をしないと、その信頼の残高は減少していく。一方で、残高が多いとその信頼関係を活用することができる。

ステークホルダー　→ 14,92,116

利害関係者の総称。利害関係とは金銭をやりとりする関係だけではなく、企業であれば従業員や顧客、大学であれば教職員や地域など、組織が活動するためにかかわっているすべてがステークホルダーと言える。経営資源の配分決定や経営戦略の策定を行うために組織を取り巻く利害関係者を分析することをステークホルダー分析という。

ストレスチェック　→ 135

労働者のストレスがどのような状態にあるのかを調べる検査。労働安全衛生法が改正されて、労働者が 50 人以上いる事業所では、2015 年 12 月から毎年 1 回、この検査をすべての労働者を対象に実施することが義務づけられた。

正課教育　→ 127

正規の教育課程における教育。大学において単位付与が行われる授業を指し、それ以外の大学において実施される活動は正課外活動と呼ぶ。正課教育と正課外活動に分けて分離するのではなく、両者を有機的に統合しようとする機関や 2 つの間に準正課教育を置く機関もある。

説明責任　→ 8,46,74

社会に一定の影響力のある組織が、関係者に対して、活動の経過や結果などを報告する義務。大学は、学生からの納付金や税金で運営されていることから、国民全体が関係者であり、広く説明責任を果たす必要がある。アカウンタビリティとも呼ばれる。

専門職　→ 11

専門的な知識や技能を必要とする職業。固有の専門的な知識や技能に支えられた職業分類。活動に一定の裁量が与えられるなどの特徴的な性質をもってほかから区分される諸職業として扱われる。なかでも医師、法律家、聖職者は、伝統的な専門職の代表とされる。

象牙の塔　→ 8

現実から離れた閉鎖社会を表す言葉。世間知らずで独りよがりの非社会的な態度をとる大学人に皮肉を込めて使用される。フランスの批評家サント・ブーブが詩人ビニーの態度を評した言葉が由来となる。

組織市民行動　→ 34

自分の職務の範囲外の仕事をする行動。産業組織心理学者のデニス・オーガンが提唱した概念。従業員が行う任意の行動であり、彼らにとって正式な職務の必要条件ではないが、それによって組織の効果的機能を促進するものである。

大学院　→ 56,144

大学の学士課程の上位の教育課程を有する教育研究機関。一般的に2年間の修士課程、修士取得後3年間の博士後期課程がある。2003年に専門職大学院の制度が開始されたのに伴い新しく専門職学位を取得する課程が加わった。

大学設置・学校法人審議会　→ 55

文部科学大臣からの諮問に応じ、公私立大学及び高等専門学校の設置などに関する事項、大学等を設置する学校法人に関する事項を調査審議する機関。文部科学省に置かれる審議会の1つである。

大学設置基準　→ 6,15,55,114,143

日本で大学を設置するのに必要な最低の基準を定めた法令。この基準は大学の設置後も維持しなければならない。教育研究上の基本組織、教員資格、収容定員、教育課程、卒業の要件などが定められている。大学設置基準は省令であり、文部科学大臣が制定することができる。

大学設置基準の大綱化　→ 5

1991年の大学設置基準改正のこと。大学設置基準により教育課程の編成方針が一定の基準のもとに定型化されていたが、この大綱化により各大学にゆだねられ、一般教育科目、外国語学目、専門科目にとらわれず、いわゆる教養教育に係る科目を自由に設定できるようになった。また、教養部の解体、カリキュラム改革、評価システムの導入などさまざまな改革を各大学が実施する発端と位置づけられる。

大学の自治　→ 5

国家権力などの外部権力の影響を排除し、大学が自主的・自律的に教育や研究に

関する事項を決定すること。日本国憲法で学問の自由が保障されており、その制度的な裏付けとして大学の自治が位置づけられる。中世ヨーロッパの大学以来の伝統であり、今日の大学にも継承される重要な理念である。

ダブルチェック　→ 36
点検や確認を二者で行うこと。ダブルチェックをすることで重大な事故や損失を防ぐことができる。異なる観点で点検や確認を行うことをクロスチェックと呼ぶ。

単位認定　→ 128
単位の授与を決定すること。授業科目を履修した学生に対して試験結果をもとに単位を与えるのが一般的である。また、ほかの教育機関における授業科目の履修、入学前に修得した単位によっても、教育上有益と認めるときは当該大学における授業科目の履修とみなして単位を認定することができる。

中央教育審議会　→ 54
文部科学大臣からの求めに応じて、教育、学術または文化に関する基本的な重要施策について専門家が調査・検討し、大臣へ意見を述べる機関。意見をまとめた結果を答申という。30 名以内の学識経験者である委員に加え、臨時委員や専門委員が置かれることもある。

定款　→ 57
法人の目的や組織などの基本的な事項を定めたもの。公立大学法人は定款に記載すべき事項があらかじめ定められている。なお、国立大学法人には定款は存在せず、その役割は国立大学法人法などが果たしている。

ティーチングアシスタント　→ 78
授業における教育補助業務を行う大学院学生。大学教育の充実だけでなく、大学院学生の能力開発の機会提供や処遇の改善を目的としている。ティーチングアシスタントを対象とした研修も行われる。TA とも呼ばれる。

データウェアハウス　→ 80
さまざまなデータを統合して格納されたデータベース。活用目的に合わせて取り出しやすい形でデータが保管される。1990 年代初頭にビル・インモンによって提唱された。ウェアハウスは倉庫の意味である。

内省支援 → 115

学習者に自分自身を振り返るきっかけを与え、よりよい成果を出すためのかかわり方。成長には内省が大きく貢献し、他者からの内省支援を受け入れる程度が高いほど、成長感が高くなる。

日本私立大学協会 → 13

日本の私立大学を会員とする団体。1946 年に全国私立大学連合会として発足し、1948 年に日本私立大学協会と改称し現在にいたる。私立大学の振興を通して学術および教育の発展に貢献することを目的としている。

日本私立大学連盟 → 13

日本の 4 年制の私立大学を加盟大学とする団体。1951 年に 23 の私立大学によって設立された。私立大学の振興を通して学術文化の発展に貢献することを目的としている。日本私立大学連盟の加盟大学は比較的規模の大きい大学が多いという特徴をもつ。

認証評価 → 80

文部科学大臣が認証する評価機関が実施する評価。2004 年から大学、短期大学、高等専門学校および専門職大学院は、7 年以内に 1 度、認証評価機関による評価を受けることが学校教育法で義務づけられている。

納付金 → 71

公的機関に支払われる金銭。大学における納付金には、入学金や年間の授業料のほか、実習費や施設整備費などがあり、大学によってさまざまである。学校教育法施行規則により、大学は在学中にかかる経費を受験生などにわかりやすく公表することを大学に義務づけている。

ハインリッヒの法則 → 131

労働災害における統計的な経験則。アメリカの損害保険会社の安全技術者であったハーバート・ウィリアム・ハインリッヒは、1 つの重大事故の背後には、29 の軽微な事故があり、その背景には 300 の異常な出来事が存在することを示した。

博士 → 56

大学院の博士課程を修めた後に授与される学位。最上位の学位として位置づけられている。国際的には Doctor に相当する。大学院の博士課程へ進学し、研究し

た後に博士の認定をされる課程博士と、博士課程を経ずに博士論文を提出し博士と認定される論文博士がある。

ハラスメント　→ 123,138
さまざまな場面における嫌がらせの行為。大学にかかわるハラスメントとしては、セクシュアルハラスメント、アカデミックハラスメント、パワーハラスメントなどがある。職務上の立場や権利を悪用して行われることがある。ハラスメント防止や対策に関するガイドラインを制定する大学もある。

反転授業　→ 92
授業と授業時間外学習の役割を入れ替えた教育方法。学生は受講前に講義の映像を見た上で授業に参加する。授業中は、問題を解いたり、学生同士でのディスカッションやグループワークなどを行ったりする。

非言語コミュニケーション　→ 101
言葉以外の手段を用いたコミュニケーション。顔の表情、顔色、視線、身振り、手振り、姿勢のほか、相手との物理的な距離の置き方や、服装、髪型などが含まれる。非言語コミュニケーションの中には、文化によって異なる意味を示すものがあるため、異文化をもつ相手とのコミュニケーションでは注意が必要となる。

剽窃　→ 126
他人の著作から、部分的に文章、語句などを取り出し、自作の中に自分のものとして用いること。剽窃をしないためには出所がわかるように適切に引用する必要がある。教育機関において剽窃は重大な不正行為と見なされる。

部局　→ 59,76
学部やセンターなど専門分野別に教員が集まる一定の権限をもつ組織のこと。大学の規則に、どのような組織が部局であるか、あらかじめ定められていることが一般的である。

分業　→ 9,16
生産性の効率を上げるために役割を決めて分担すること。個々の役割が明確になり、担当の業務に専念することができる。従来は経済学の用語であったが、現代では社会的分業のように社会関係全般においても使用される。

文書主義　→ 40

文書による業務の処理を重視する考え方。社会学者のマックス・ヴェーバーが官僚制の研究の中で指摘した。文書にすることによって意思決定の過程や根拠を後から検証することができる。一方で、繁文縟礼という用語があるように、文書化することは手段にも関わらず、膨大な量の文書を作成し保管することが目的となる弊害も指摘される。

ペーシング　→ 100

相手の話し方に自分の話し方を合わせるコミュニケーションの技法。話す言葉、速度、リズム、抑揚、声の大きさなどを相手に合わせる。人は自分と共通点があると無意識的に好感を抱くことを活用している。

ホーソン実験　→ 120

職場の物理的な環境条件ではなく、人間関係が生産性に影響することを明らかにした研究。ハーバード大学の精神科医メイヨーや心理学者レスリスバーガーらが、シカゴ郊外にあるウェスタン・エレクトリック社のホーソン工場で5年にわたって、作業場の明るさが作業効率にどのように影響を与えるのかなどの実験を行った。

ボトルネック　→ 95,121

業務全体の中で成果に左右する最大の課題。ワインボトルなどの瓶の首にあたる細い部分から派生した言葉である。物理学者のゴールドラットが執筆したビジネス書が有名であり、業務が円滑に進行しない場合、遅延の原因は全体から見れば小さな部分が制約要因となり、それ以外の部分を改善しても解決できないことを示した。

見える化　→ 93

活動実態を具体的にわかるようにすること。トヨタ自動車による業務の改善活動の観点において使用された用語であり、現在ではさまざまな組織において使用される。可視化と類似した表現であるが、見える化には改善につなげていくという目的が含まれると言われる。

ミラーリング　→ 100

動作を相手に合わせていくコミュニケーションの技法。鏡に映っているように、相手の動作に自分も合わせていく。ペーシングと同様に人は自分と共通点があると無意識的に好感を抱くことを活用している。

メンタルヘルス　→ 135

精神面における健康のこと。技術の進歩や産業構造の変化など仕事や職業生活が変化する中、不安やストレスを感じる人の割合が増えていると言われている。厚生労働省は「労働者の心の健康の保持増進のための指針」を定め、職場におけるメンタルヘルス対策を推進している。

ユニバーサル段階　→ 127

大多数の者が大学に進学し、大学進学が一種の義務と見なされる大学の発展段階。教育学者のマーチン・トロウによって提案された概念で、該当年齢人口に占める大学進学率が 50％以上の段階を言う。日本の場合は、2005 年頃以降の大学があてはまる。

ラポール　→ 100

安心して話し合える心理的状況。もともとは臨床心理学の用語で、カウンセリングや社会調査など、対面して話をする場面で緊張を緩和しコミュニケーションを円滑にする目的で使用されていた。現在では、教育の場面など幅広く活用されている。

理事長　→ 58

学校法人を代表し、その業務を総理する役職者。理事となる者は、当該学校法人の設置する私立学校の校長や学長、評議員のうちから寄附行為の定めるところにより選任された者、そのほか寄附行為の定めるところにより選任された者である。

稟議　→ 44

組織の意思として決定するために、書類を回覧して承認を受けること。会議を開くほどではない事柄について行われる承認方法である。稟議に使われる書類を稟議書と呼ぶ。一般的に稟議は権限の高い人に向けて順に回される。

ルースカップリング　→ 14

組織を構成する下部の組織や要素がゆるやかに結びついた状態、もしくはその状態にある組織のこと。大学などの教育機関に特徴的に現れることが多い。反対に一枚岩的な組織構造をタイトカップリングという。

労働安全衛生法　→ 52

労働者の安全と衛生についての基準を定めた日本の法律。1972 年に制定。労働災害を防止するため、危害防止基準を確立するとともに、安全管理者や衛生管理

者などの設置や資格の取得や技能講習の実施などの総合的な対策を計画的に推進することを事業者に求めている。労安衛法、安衛法などと略称されることもある。

労働基準法　→ 52,69
労働条件に関する最低基準を定める日本の法律。日本国憲法第 27 条第 2 項の規定に基づき、1947 年に制定された。労働者を保護する目的で、労働契約、賃金、労働時間、休日および年次有給休暇、災害補償、就業規則などの基準が定められている。労働組合法、労働関係調整法と合わせて労働三法と呼ばれる。

ロールモデル　→ 142
自分が将来目指したいと思う模範となる存在。仕事のできる先輩や上司をロールモデルにすることで、自分の仕事に対する方向性や目標を設定することができる。ロールモデルと比較することで自分の課題が明確になる。

ワークライフバランス　→ 25,146
仕事と生活の調和を取ること。国民 1 人ひとりがやりがいや充実感をもちながら働き、仕事上の責任を果たすとともに、家庭や地域生活などにおいても、子育て期、中高年期といった人生の各段階に応じて多様な生き方が選択・実現できることを目指す。労働時間政策、非正規労働者政策、出生率向上政策、男女均等政策などの改革にかかわる。

参考文献

浅野睦、五十嵐雅祥（2010）『現場担当者が考えるべき 68 のリスク—たった一人の行動が会社をダメにする—リスク認識度を高める Q&A』アース工房

安藤俊介（2016）『アンガーマネジメント入門』朝日新聞出版

池田理恵子（2016）『総務のお仕事がスイスイはかどる本（第 2 版）』秀和システム

磯崎陽輔（2010）『分かりやすい公用文の書き方（改訂版）』ぎょうせい

伊藤健太郎（2003）『プロジェクトはなぜ失敗するのか—知っておきたい IT プロジェクト成功の鍵』日経 BP 社

マックス・ウェーバー（阿閉吉男、脇圭平訳）（1987）『官僚制』恒星社厚生閣

内田知男（2011）『リスクマネジメントの実務— ISO31000 への実践的対応』中央経済社

大阪商工会議所（2006）『メンタルヘルス・マネジメント検定試験公式テキスト Ⅲ種セルフケアコース』中央経済社

大場淳（2011）「大学のガバナンス改革—組織文化とリーダーシップを巡って」『名古屋高等教育研究』11、pp. 253-272

大場淳、山野井敦徳編（2003）『大学職員研究序論』高等教育研究叢書、広島大学高等教育研究開発センター、74、pp. 143-149

アレックス・オズボーン（豊田晃訳）（2008）『創造力を生かす—アイディアを得る 38 の方法』創元社

金井壽宏（2002）『働くひとのためのキャリア・デザイン』PHP 新書

金井壽宏（2006）『働くみんなのモチベーション論』NTT 出版

ぎょうせい法制執務研究会編（2012）『新版 図説 文書事務入門』ぎょうせい

釘原直樹（2015）『腐ったリンゴをどうするか？ 手抜きを防ぐ方策はある』三五館

工藤教和、丸山雅夫、伊藤昇、水間英光、安藤伸治（2002）「座談会 新時代の教職協働」『大学時報』pp. 14-29

ジョン・クランボルツ、アル・レヴィン（花田光世、大木紀子、宮地夕紀子訳）（2005）『その幸運は偶然ではないんです！』ダイヤモンド社

エリヤフ・ゴールドラット（三本木亮訳）（2001）『ザ・ゴール—企業の究極の目的とは何か』ダイヤモンド社

スティーブン・コヴィー（フランクリン・コヴィー・ジャパン訳）（2013）『完訳 7 つの習慣—人格主義の回復』キングベアー出版

厚生労働省（2018）『平成 29 年労働安全衛生調査（実態調査）結果の概況』

厚生労働省、労働者健康福祉機構（2011）「Selfcare こころの健康—気づきのヒ

　ント集」

国立大学図書館協会教育学習支援検討特別委員会（2015）「高等教育のための情
　報リテラシー基準　2015 年版」

児玉善仁、赤羽良一、岡山茂、川島啓二、木戸裕、斉藤秦雄、舘昭、立川昭編
　（2018）『大学事典』平凡社

小西七重、池田秀之（2010）『図解　ミスが少ない人は必ずやっている［書類・
　手帳・ノート］の整理術』サンクチュアリ出版

小室昌志（2012）「私立大学職員の人事制度に関する一考察―評価制度を中心に」
　『社会科学』103、pp. 61-87

佐々木一也編（2011）『SD の新たな地平―「大学人」の能力開発に向けて』（大
　学教育学会課題研究 2008 年度～2010 年度最終報告書）

エドガー・シャイン（金井壽宏訳）（2003）『キャリア・アンカー――自分のほんと
　うの価値を発見しよう』白桃書房

大学行政管理学会・大学事務組織研究会（2014）『大学事務組織の強化書』学校
　経理研究会

大学行政管理学会「大学人事」研究グループ編（2009）『大学人事研究 II―変貌
　する大学人事―教員評価の実状と経営人材の育成』学校経理研究会

橘木俊詔編（2009）『働くことの意味』ミネルヴァ書房

田中堅一郎（2001）「組織市民行動―測定尺度と類似概念、関連概念、および規
　定要因について」『経営行動科学』第 15 巻第 1 号、pp. 1-28

田中堅一郎（2012）「日本の職場にとっての組織市民行動」『日本労働研究雑誌』
　627、pp. 14-21

寺﨑昌男（2010）『大学自らの総合力―理念と FD そして SD』東信堂

東京大学教育学研究科大学経営・政策研究センター（2010）「大学事務組織の現
　状と将来　全国大学事務職員調査」

内閣府 男女共同参画局 仕事と生活の調和推進室（2016）「ワーク・ライフ・バ
　ランスに関する個人・企業調査 報告書」

中井俊樹（2014）「大学特有の教職協働成立条件」『大学人の構成と機能―カリ
　キュラム・マネジメントに即して』2011 年度-2013 年度大学教育学会課題研
　究報告書、pp. 69-72

中井俊樹（2019）「大学教員の教育活動における倫理とは」『教育学術新聞』令和
　元年 5 月 22 日号

中井俊樹編（2014）『看護現場で使える教育学の理論と技法』メディカ出版

中井俊樹、上西浩司編（2012）『大学の教務 Q&A』玉川大学出版部

中井俊樹、鳥居朋子、藤井都百編（2013）『大学の IR Q&A』玉川大学出版部

中曽和美、村岡孝之、山崎その（2007）「大学職員の人材育成と人事制度に関す

る考察―アンケート調査による実態から」『研究論叢』70、pp. 447-467

中原淳（2014）『研修開発入門―会社で「教える」、競争優位を「つくる」』ダイヤモンド社

中原淳、金井壽宏（2009）『リフレクティブ・マネジャー――流はつねに内省する』光文社新書

日本学生支援機構（2007）「大学における学生相談体制の充実方策について―「総合的な学生支援」と「専門的な学生相談」の「連携・協働」」

日本創成会議・人口減少問題検討分科会（2014）『成長を続ける21世紀のために「ストップ少子化・地方元気戦略」』

日本能率協会（2011a）『大学職員ナレッジ・スタンダード　大学マネジメント編I』日本能率協会

日本能率協会（2011b）『大学職員ナレッジ・スタンダード　大学マネジメント編II』日本能率協会

日本能率協会（2011c）『大学職員ナレッジ・スタンダード　大学業務知識編I』日本能率協会

日本能率協会（2011d）『大学職員ナレッジ・スタンダード　大学業務知識編II』日本能率協会

日本能率協会（2011e）『大学職員ナレッジ・スタンダード　大学業務知識編III』日本能率協会

日本能率協会マネジメントセンター編（2017）『ミス・失敗がこわくなくなるビジネスマナー』日本能率協会マネジメントセンター

博報堂大学編（2014）『「自分ごと」だと人は育つ―博報堂で実践している新入社員OJT　1年間でトレーナーが考えること』日本経済新聞出版社

濱口桂一郎（2013）『若者と労働―「入社」の仕組みから解きほぐす』中央公論新社

サニー・ハンセン（平木典子、今野能志、平和俊、横山哲夫監訳）（2013）『キャリア開発と統合的ライフ・プランニング―不確実な今を生きる6つの重要課題』福村出版

平木典子（2012）『アサーション入門―自分も相手も大切にする自己表現法』講談社

平木典子（2015）『アサーションの心―自分も相手も大切にするコミュニケーション』朝日新聞出版

福留（宮村）留理子（2004）「大学職員の役割と能力形成―私立大学職員調査を手がかりとして」『高等教育研究』第7集、pp. 157-176

藤井一弘編（2011）『バーナード（経営学史叢書第VI巻）』文眞堂

藤本忠明、東正訓編（2004）『ワークショップ　人間関係の心理学』ナカニシヤ出

版

アーリー・ラッセル・ホックシールド（2000）『管理される心　感情が商品になるとき』世界思想社

ロバート・マートン（森東吾訳）（1961）『社会理論と社会構造』みすず書房

みずほ総合研究所（2015）『図解　人事労務担当のための　雇用と労働の基本ルールがよくわかる本—社員とトラブルにならないために知っておくべき 50 のテーマ』東洋経済新報社

宮城まり子（2002）『キャリアカウンセリング』駿河台出版社

文部科学省（2006）「学校における防犯教室等実践事例集」

文部省高等教育局（2000）「大学における学生生活の充実方策について（報告）—学生の立場に立った大学づくりを目指して」

山口裕幸（2008）『チームワークの心理学—よりより集団づくりをめざして』サイエンス社

山﨑政志（2010）『「目的」と「型」がわかればビジネス文書はすらすら書ける』アニモ出版

吉田修（2001）『経営学の基礎理論（第 2 版）』中央経済社

渡邊忠、渡辺三枝子（2011）『コミュニケーション力—人間関係づくりに不可欠な能力』雇用問題研究会

渡辺三枝子編（2007）『新版 キャリアの心理学—キャリア支援への発達的アプローチ』ナカニシヤ出版

執筆者（2019 年 8 月現在）

中井俊樹（なかい・としき）　編者、1 章

愛媛大学教育・学生支援機構教授
専門は大学教育論、人材育成論。1998 年に名古屋大学高等教育研究センター助手となり、同准教授などを経て 2015 年より現職。大学教育学会理事および日本高等教育開発協会理事。著書に、『アクティブラーニング』（編著）、『看護現場で使える教育学の理論と技法』（編著）、『大学の IR Q&A』（共編著）、『大学の教務 Q&A』（共編著）、『大学教員のための教室英語表現 300』（編著）、『大学教員準備講座』（共著）、『アジア・オセアニアの高等教育』（分担執筆）、『成長するティップス先生』（共著）などがある。

宮林常崇（みやばやし・つねたか）　編者、3 章、4 章、6 章

首都大学東京管理部企画広報課長
公立大学法人首都大学東京に入職後、教務畑を中心に歩み、2012 年 4 月から文部科学省に出向し、大学振興課で大学院補助金制度関連業務に従事。その後、首都大学東京に戻り、教務課教務係長、国際課国際化推進本部教務企画担当係長、日野キャンパス管理部庶務係長、URA 室長等を経て 2019 年 4 月から現職。主に職員対象の研修会やセミナーにおいて人材育成に関する報告・発表を行っている。公立大学協会共通テキスト編集チームリーダー、名古屋大学高等教育研究センター教務系 SD 研究会・大学教務実践研究会事務局長、同センターマネジメント人材育成研究会、公立大学職員 SD フォーラム代表。

岡靖子（おか・やすこ）　12 章

愛媛大学教育学生支援部就職支援課課長
食品メーカー研究員を経て 1990 年より人材教育の企業に所属し講師として研修に従事。2004 年よりキャリアコンサルタントとして、大学、公的機関等においてキャリアガイダンス、キャリアカウンセリング、メール相談事業等を担当。2011 年より愛媛大学教育・学生支援機構学生支援センターにて研究員としてキャリア教育・キャリア支援を担当し、2015 年より現職。現在、九州大学大学院人間環境学府教育システム専攻（教育社会学）博士後期課程に在籍し、高等教育におけるキャリア教育・キャリア支援について研究している。

小山敬史（こやま・たかし）　9 章

名古屋大学総務部職員課職員担当係長
名古屋大学を卒業後、名古屋大学に入職。入職後、総務系、人事系の業務に従事。学内で若手職員を中心とした勉強会を主催し、積極的に学外の勉強会にも参加している。放送大学に出向中に名古屋大学大学院教育発達科学研究科で高等教育論を専攻。職員の自発的な能力開発活動をテーマに研究し、修士（教育）の学位を取得。名古屋大学に復帰後、研修担当係長となり、研究成果を活かし若手職員向けの研修を充実させた。2017 年 7 月に現職に就いてからも、自発的な勉強会の新たな可能性を模索しながら活動している。大学マネジメント研究会会員。

竹中喜一（たけなか・よしかず）　2 章、5 章、7 章

愛媛大学教育・学生支援機構講師
専門は大学職員の能力育成を中心とする高等教育論、教育工学。大阪大学人間科学部卒業後、民間企業での SE や営業支援の業務を経て、2008 年関西大学に専任事務職員として入職。学生による教育・学修支援制度の設計・運用、ICT 活用支援、授業評価、SD、教学 IR 関連業務を担当。関西大学在職中に名古屋大学大学院教育発達科学研究科博士前期課程修了後、大阪大学大学院人間科学研究科博士後期課程修了。博士（人間科学）。愛媛大学教育・学生支援機構特任助教を経て、2019 年より現職。著書に『大学の FD Q&A』、『アクティブラーニング型授業としての反転授業［実践編］』（ともに分担執筆）がある。

丸山智子（まるやま・ともこ）　10 章

愛媛大学教育・学生支援機構講師
専門は教育開発、リーダーシップ、プロジェクトマネジメント。2002 年コロンビア大学ティーチャーズカレッジ国際教育開発専攻修了。2015 年芝浦工業大学大学院理工学研究科博士課程修了、博士（学術）。プロジェクトマネジメント専門企業の研究開発部にて、リーダーシップ研究、人材育成の教材や学習評価の開発、研修体系構築のコンサル業務等に従事した後、2013 年に愛媛大学教育・学生支援機構教育企画室特任助教となり、2018 年より現職。翻訳に「リーダーシップの探究」（分担翻訳）がある。PMP（Project Management Professional）。

村山孝道（むらやま・たかみち）　8章

京都文教大学学長企画部教学企画課課長
1996年に京都文教大学入職後、概ね一貫して教務畑を歩む。2019年4月より現職について教学改革推進を担当している。教務系業務の傍ら、2011年度以降、大学コンソーシアム京都SD研修委員長、大学行政管理学会理事・研究研修委員、大学職員「人間ネットワーク」副会長・理事等を歴任し、大学職員の人材開発に携わっている。現在、同志社大学大学院総合政策科学研究科博士後期課程に在籍し、大学職員のHRM（Human Resource Management：人的資源管理）研究に従事している。著書に『大学を変える、学生と変える』（分担執筆）がある。

吉田一惠（よしだ・かずえ）　11章

愛媛大学教育学生支援部愛媛大学SD統括コーディネーター／能力開発室長
文部事務官として愛媛大学に入職後、主に総務系、国際交流系を担当。その後、広報室長、人事課長、教育学生支援部長等を経て、2017年より現職。その間約6年間愛媛大学危機管理室副室長を兼務。主に人事戦略、人材育成・能力開発、評価、労務、ダイバーシティ推進、学生支援、危機管理・人権侵害、記者会見等々に対応。SPOD（四国地区大学教職員能力開発ネットワーク）SDコーディネーター（SDC）、教職員能力開発拠点SDC、大学行政管理学会会員、愛媛県男女共同参画のためのロールモデル。

大学 SD 講座 3

大学業務の実践方法

2019 年 10 月 15 日　初版第 1 刷発行
2022 年 12 月 25 日　初版第 3 刷発行

編著者 ─────中井俊樹・宮林常崇
発行者 ─────小原芳明
発行所 ─────玉川大学出版部
　　　　　　　〒 194-8610　東京都町田市玉川学園 6-1-1
　　　　　　　TEL 042-739-8935　FAX 042-739-8940
　　　　　　　http://www.tamagawa.jp/up/
　　　　　　　振替　00180-7-26665
装　丁 ─────しまうまデザイン
印刷・製本 ───創栄図書印刷株式会社

乱丁・落丁本はお取り替えいたします。